Jeff Sanders

Tout se joue avant le petit déj'

MARABOUT

AVIS AUX LECTEURS : l'auteur et l'éditeur ne sont liés par aucun contrat de sponsoring ou de promotion, ni aucun autre engagement avec les marques et les produits mentionnés dans ce livre. Toutes les marques ne sont citées ici qu'à titre informatif et sont la propriété de leurs détenteurs respectifs. L'auteur et l'éditeur encouragent les lecteurs à se rapprocher directement des marques et des produits de qualité susceptibles de les intéresser.

Publié pour la première fois aux États-Unis en 2015 par Ulysses Press (P.O. Box 3440, Berkeley, CA 94703 – www.ulyssespress.com), sous le titre *The 5 AM Miracle*.

Traduit de l'anglais par Florence Paban

À Tessa, ma merveilleuse épouse,
et à Benny, notre adorable carlin.

Ce sont les deux seuls êtres
qui me connaissent vraiment
et m'aiment quand même.

Sommaire

Introduction

Se réveiller tôt pour aller courir: une double peine

Le ciel s'ouvrit et Dieu déclara: «Faisons un miracle à 5 h du matin. Que tout le monde saute de son lit avec enthousiasme, pilote sa journée et ne laisse aucun bouton Dodo se mettre en travers de son chemin.»

Extrait de la bible d'un accro de la productivité

Il y a quelques années, j'ai décidé de m'entraîner pour un marathon. À l'époque, je travaillais à plein-temps comme conseiller en gestion de carrière et je montais en parallèle une activité de coach en productivité et un podcast. Il m'était de plus en plus difficile de trouver du temps pour mon entraînement quotidien. En fait, je me laissais tellement déborder que je me contentais de faire une longue course le samedi matin.

Tout bon coach de marathon vous le dira: l'entraînement long compte plus que tous les autres. Mais comme pour la plupart des meilleures habitudes, *l'activité constante est plus importante que l'exercice sporadique*. En d'autres termes, mieux vaut courir quelques kilomètres par jour cinq ou six fois par semaine que de placer tous ses espoirs et tous ses rêves de marathon dans un seul et même effort long et brutal.

Il me fallait un nouveau programme. Si je voulais courir presque tous les jours de la semaine et trouver chaque jour du temps pour mon objectif prioritaire, je n'avais que quelques solutions possibles : courir avant, pendant ou après le travail.

Courir pendant la journée était hautement improbable. Je n'avais que 30 minutes de pause déjeuner. Quand on me connaît, on sait que j'aime vraiment manger – et que j'ai un solide appétit. Sauter le déjeuner était hors de question.

L'autre réalité, que vivent la plupart des personnes actives, est qu'il est vraiment difficile de négocier un entraînement en milieu de journée (absence de salle de sport ou de douche, obligation de transporter ses vêtements de sport, difficulté à programmer un jogging entre deux rendez-vous ou à faire accepter une plus longue pause du midi à son chef, etc.). Ce n'étaient techniquement que des excuses, mais c'étaient aussi de véritables obstacles qui appelaient de vraies solutions.

Courir en fin de journée semblait être la meilleure option, mais il y avait toujours quelque chose qui se mettait en travers de mon chemin. Chaque jour, je prévoyais d'aller au parc ou à la salle de sport après le travail, espérant qu'en changeant d'environnement, je m'obligerais à respecter mon programme. Mais chaque soir, peu importent les ruses que j'employais pour me tenir à mon plan, m'entraîner après une longue journée de travail s'avérait aussi difficile que de courir le marathon !

Ayant épuisé toutes les autres options, je me suis tourné vers le pire scénario possible : me lever tôt pour faire du sport avant d'aller travailler. Je sais, c'est terrible.

À l'époque, j'étais tout sauf un lève-tôt et j'avais la fâcheuse habitude de me lever à la dernière minute. J'appuyais au moins deux fois sur le bouton Dodo avant de me lever et je refusais de sourire avant d'avoir une tasse de café fumant entre les mains.

Se lever tôt pour courir me faisait l'effet d'une double peine. Qui pouvait bien avoir envie de faire l'un ou l'autre, sans parler des deux à la fois ?

L'avenir allait m'apprendre que *me lever tôt pour m'atteler à mes grands objectifs serait la plus grande décision personnelle et professionnelle que j'avais prise depuis des années, et sans doute aussi la plus grande décision que je prendrais jamais.*

I

Le 5 AM Miracle

Chapitre 1

Le 5 AM Miracle*

Que signifie piloter sa journée avant le petit déjeuner?

> **Miracle:** *nom. Événement surprenant et heureux qui ne s'explique pas par les lois naturelles ou scientifiques et est considéré comme divin; événement, fait nouveau ou avancée hautement improbable ou extraordinaire.*

Bienvenue. Mon nom est Jeff Sanders et voici *le* livre qui va vous permettre de piloter votre journée avant le petit déjeuner.

Ce livre a pour objectif de vous aider à sauter du lit avec enthousiasme, à instaurer à vie d'excellentes habitudes et à vous atteler à vos plus grands objectifs en déployant une énergie formidable.

Tout au long de ce livre, nous parlerons des premières heures du matin et nous aborderons en

* Jeff Sanders est le créateur du podcast et du blog The 5 AM Miracle, « le miracle des 5 h du mat' ». Nous avons choisis de conserver cette appellation pour toute référence à ce programme.

détail des sujets tels que les bonnes habitudes, le développement personnel et l'hyperproductivité.

J'ai conçu mon podcast à partir d'une habitude : se lever tôt. Elle a révolutionné mon mode de vie et est devenue ma colonne vertébrale.

Au fil des ans, j'ai souvent été amené à expliquer le concept du 5 AM Miracle et à le définir. Je trouve tellement d'avantages formidables à me lever tôt qu'il m'a fallu un petit examen de conscience pour y mettre un peu d'ordre.

Pour les besoins de ce livre et pour plus de clarté, je définirai ce concept comme l'exploit qui consiste à piloter sa journée avant le petit déjeuner en sautant de son lit tôt, frais et dispos pour faire un grand pas en direction de ses plus grands objectifs.

Pour moi, 5 h du matin est une heure fantastique. Tout au long de ce livre, je vais la présenter comme l'heure idéale pour se lever chaque matin.

Toutefois, se réveiller à cette heure-là n'a rien d'impressionnant en soi. Après tout, ce choix est arbitraire. C'est ce que représente 5 h du matin qui est beaucoup plus frappant, et qui fait que se lever à cette heure tient du miracle.

1. 5 h du matin est une heure de la journée où la vie est calme, sereine et paisible. Au petit matin, les distractions sont rares, les oiseaux se mettent tout juste à chanter et la vie s'écoule plus lentement.

Pour certains, c'est le seul moment à eux de la journée.

2. 5 h du matin symbolise la prise de contrôle. Réaliser que votre vie et votre temps sont entre vos mains est incroyablement valorisant et ouvre de nombreuses possibilités. Si vous utilisez ces minutes avec sagesse, vous atteindrez des sommets de réussite et d'épanouissement que peu ont la chance de connaître.
3. 5 h du matin peut devenir votre plus précieux atout. Si vous gérez votre temps et classez vos tâches par priorité, si vous optimisez votre organisme et développez votre esprit, si vous avez un but dans la vie et poursuivez vos grands objectifs, vous récolterez les bienfaits infinis du 5 AM Miracle : *une existence épanouie à la poursuite d'un objectif, menée avec ambition et récompensée par une métamorphose.*

Les remarquables bienfaits du 5 AM Miracle

Les lève-tôt ne laissent rien au hasard. Leur vie est délibérément programmée sur papier chaque jour, sans exception. Ils planifient également les bienfaits qu'ils récoltent. Ils anticipent et obtiennent de formidables résultats.

Je ne peux pas vous les garantir, mais pour tous ceux qui se lèvent tôt et dont je fais partie, les bénéfices sont véritablement stupéfiants. À vous de profiter à votre tour de ces incroyables bienfaits en suivant le programme présenté dans ce livre.

Selon ce que vous choisirez de faire pendant vos précieuses heures matinales, voici un petit échantillon des avantages que vous pourriez en retirer :

1. Formidable regain d'énergie durable.
2. Sommeil régulier de grande qualité.
3. Perte de poids et meilleure santé.
4. Augmentation constante de la productivité quotidienne.
5. Capacité à repousser les distractions, surtout celles qui nous envahissent tous tard le soir.
6. Meilleure humeur et vision positive de la journée.
7. Meilleure forme physique, meilleure résistance et meilleure endurance.
8. Capacité à faire des progrès phénoménaux sur les objectifs qui comptent le plus pour vous.
9. Idées plus claires et plus grande créativité, surtout au petit matin.
10. Capacité à suivre et à conserver des habitudes saines et productives sur le long terme.

À chacun son 5 h du matin

Avant d'aller plus loin, commençons par clarifier un point : même si je vais mettre tout en œuvre pour vous convaincre que 5 h est la meilleure heure pour sauter de son lit, *vous n'êtes pas obligé de vous réveiller si tôt*. Et maintenant, vous pouvez respirer profondément et sourire !

Rien dans ce livre ni dans les programmes qu'il propose ne vous impose de vous lever à 5 h, à 6 h ou à toute heure précise avant, pendant ou juste après le lever du soleil.

À vous de trouver votre heure miraculeuse, que ce soit 7 h, 8 h 30 ou, comme chez certains étudiants, 12 h 30. À vous de savoir ce qui vous convient.

Le but de ce livre n'est pas de vous convaincre de régler votre réveil à 5 h, mais plutôt de vous donner accès aux nombreuses possibilités qui s'offrent à vous quand vous vivez chaque jour avec un objectif. Votre miracle quotidien peut se produire à l'heure de votre choix.

Pendant que j'écrivais ce livre, je me suis rendu à La Nouvelle-Orléans pour un mariage. Un matin, mes amis se sont glissés dans ma chambre d'hôtel et m'ont photographié en train de dormir avec le réveil affichant 9 h 46 pour prouver que je ne me levais pas à 5 h tous les jours.

Ils étaient hilares. Mais nul ne devrait être surpris que je ne me lève pas tous les matins au lever du soleil comme un robot. Si je veille tard, je dors plus longtemps. Si j'ai besoin de plus de sommeil, je le prends. Cinq heures du matin, ce n'est pas toujours la meilleure heure pour sortir du lit.

L'idée est d'avoir un objectif – ni plus ni moins.

Le but du jeu est d'avoir tout le sommeil de qualité dont vous avez besoin et d'optimiser les heures où vous êtes réveillé.

Prêt à piloter votre journée avant le petit déjeuner ?

Il y a quelque temps, j'ai eu une conversation passionnante avec un coach en développement personnel qui rencontre un grand succès. Il appréciait mon blog et mon podcast, mais il s'interrogeait sur ma formule préférée.

Il me déclara sans détour que mon slogan « Pilotez votre journée avant le petit déjeuner » l'intimidait et risquait de faire fuir des personnes que mon message pourrait aider.

Honnêtement, j'étais un peu surpris. Pour moi, c'était plus qu'un simple slogan du genre « supermotivant pour se donner des coups de pied aux fesses avant que la journée ne démarre ».

J'espère que l'idée de pilotage ne vous effraie pas, mais vous stimule et vous prépare à l'aventure qui vous attend.

Quand je m'imagine piloter ma journée, je me vois travailler d'arrache-pied, passer sans effort d'une tâche importante à une autre et sourire en réalisant la masse de travail que j'abats.

Ce qui est vraiment remarquable, aujourd'hui encore, est que ce scénario se produit sans arrêt. Quand je suis ma feuille de route (le super-programme que je détaillerai au chapitre 4), mes rituels du matin hyperproductifs alimentent naturellement un flux d'activité quotidien très productif et je suis aux anges.

En fait, j'ai écrit une grande partie de ce livre pendant mes routines matinales. Je sautais du lit à 5 h et j'expédiais mes priorités du petit matin avant d'aller prendre un café. Et à 6 h, j'étais à la bibliothèque ou à mon bureau, chez moi, prêt à écrire.

Le mieux est qu'après mes séances de travail matinales, je peux généralement me la couler douce le reste de la journée. C'est possible parce que, à la base, piloter sa journée avant le petit déjeuner, c'est d'abord faire un sacrifice en vue d'en récolter les fruits. En d'autres termes, si vous travaillez avec acharnement (et intelligence) quelques heures chaque matin sur les tâches les plus importantes, vous pouvez vous dégager du temps, vous libérer l'esprit et diminuer votre stress dans la journée qui suit.

Car vous pouvez piloter toute votre journée en quelques heures, puis récolter les fruits de cette organisation en dégageant du temps pour la seconde partie de la journée.

Sachant cela, comment ne pas adopter cette norme ? Il suffit d'un plan solide, d'une raison de se lever avant les autres et d'un objectif qui représente tout pour vous.

Une fois ces quelques éléments en place, il est facile de faire de votre routine du matin la plus grande force de votre vie. Vous avez la possibilité d'être tellement productif pendant ces heures précieuses que les plus grands objectifs de votre vie ne sont plus seulement des rêves inaccessibles. Ces rêves deviennent des objectifs trimestriels (page 101), et réaliser chaque jour des progrès impressionnants en direction de ces objectifs qui changent votre vie devient une seconde nature.

C'est ce que je veux pour vous, et je sais que c'est possible.

Les quatre engagements

J'aimerais vous voir prendre quatre engagements à la lecture de ce livre. Ils sont les fondements de votre réussite.

1. Je rédigerai un programme pour chaque journée.
2. Je respecterai de bonnes habitudes pour un maximum d'énergie et d'enthousiasme.
3. Je définirai des objectifs à court terme qui m'aideront à atteindre mes grands objectifs.
4. Je suivrai mes progrès, je ferai les ajustements nécessaires et je me tiendrai pour seul responsable.

Je sais, ça a l'air énorme. Et oui, le quatrième engagement est en réalité trois engagements en un. Mais comme vous le verrez dans les chapitres qui suivent, ces engagements deviendront vite des habitudes et il sera progressivement de plus en plus facile de garantir qu'ils deviennent votre réalité.

La réussite à long terme repose sur des activités quotidiennes cohérentes et soigneusement choisies. En prenant ces quatre engagements, vous mettez tous les atouts de votre côté et vous optimisez vos chances de réussite pour demain.

Comment lire ce livre

Je suis un lecteur vorace et j'adore surligner les passages d'un livre. J'ai conçu ce livre pour qu'il soit lu ainsi. Je veux que vous le décortiquiez au fur et à mesure que vous le lirez. Prenez votre surligneur, votre stylo ou votre crayon numérique préféré et allez-y!

Dans l'idéal, vous dresserez et mettrez à jour une liste d'actions ambitieuses au fil de votre lecture afin de ne pas oublier toutes les idées étonnantes qui vous viendront à l'esprit. J'ai pris l'initiative de laisser de la place pour cette liste à la fin du livre (page 257). Mais vous êtes libre de prendre des notes sous la forme que vous préférez.

Vous trouverez également un plan d'action à la fin de chaque chapitre. Je vous invite vivement à vous en servir.

Parlons innovation et attentes

J'ai écrit ce livre avant toute chose pour être concret et efficace, et pas nécessairement foncièrement novateur. Beaucoup de personnes espèrent glaner dans leurs lectures des idées brillantes et révolutionnaires, sortes de paroles d'évangile. Les leçons, stratégies et idées que je présente dans ce livre ne sont pas nouvelles.

Ce que je propose ici, c'est une compilation de stratégies efficaces dans la vraie vie. Ce sont des concepts qui ont été mis en œuvre, testés, ajustés et optimisés. Si vous cherchez une méthode simple et progressive qui vous aidera à mettre de l'ordre dans le chaos qui règne dans votre vie, ce livre est pour vous. Si vous voulez être plus productif, en meilleure santé et plus heureux, ce livre est pour vous. Si vous voulez vous lever tôt et piloter votre journée avant le petit déjeuner, alors oui, ce livre est vraiment ce qu'il vous faut.

Après l'avoir écrit, j'ai réalisé que l'on peut s'imaginer que je me lève tôt tous les matins, que je ne fais aucune erreur et que j'optimise chacun de mes instants de liberté, tel un superhéros. Désolé. Je ne suis en réalité qu'un homme tout à fait normal et amateur de listes. Oui, j'aime me lever tôt et agir. Mais je ne suis pas parfait (demandez à ma femme) et je ne veux surtout pas que vous pensiez que le but est d'atteindre la perfection.

Être productif est une aventure sans fin qui exige que vous vous leviez chaque matin en décrétant que cette journée est importante. Avec *Tout se joue avant le petit déj'*, la réussite à long terme se décide au quotidien. C'est un engagement répété envers vos plus grands objectifs et la possibilité de recommencer chaque fois que le soleil se lève.

J'ai une bonne nouvelle : quels que soient vos erreurs ou les problèmes que vous avez rencontrés par le passé, ils ne vous suivront pas nécessairement demain matin. Quand le coq chantera de nouveau à l'aube, vous pourrez littéralement donner une toute nouvelle direction à votre vie. Vous allez adorer !

Comme vous le découvrirez rapidement, j'aime bien résumer les grands principes dans des petites listes. Voici un récapitulatif de tout ce que vous trouverez dans ce livre décomposé en trois étapes simples. En cas de panique, ou si vous vous sentez légèrement dépassé, marquez une pause et référez-vous à ces trois étapes.

1. *Organisez :* planifiez chaque journée avant qu'elle ne commence.

2. *Exécutez :* réalisez des progrès tangibles en consacrant des créneaux à vos grands objectifs.

3. *Faites le point :* toutes les semaines, faites un bilan complet de ce que vous avez fait et ce que vous ferez ensuite.

Organiser, exécuter et faire le point. Tout est là.

Je suis déjà impatient d'entendre le récit de votre réussite matinale !

› HARO SUR LE BOUTON DODO

Pièges, erreurs et problèmes à éviter

Allez-y, faites la grasse matinée.

Dans chaque chapitre, vous trouverez une rubrique intitulée «Haro sur le bouton Dodo» où je mentionne les pièges, erreurs et problèmes les plus courants. Vous y dénicherez des conseils concrets qui vous aideront à garder le cap tout en évitant les écueils sur lesquels moi comme bien d'autres sommes déjà tombés avant vous.

Pour commencer, voici mon premier conseil: ne vous levez pas à 5 h demain matin!

Surtout pas.

Je sais que vous en mourez d'envie. Je sais que c'est tentant, mais nous n'en sommes pas encore là.

En fait, si vous n'avez pas l'habitude de vous lever tôt, vous réveiller à 5 h dès demain risque de vous faire me haïr et de vous dissuader à jamais de finir ce livre.

Inutile de nous faire du mal. N'hésitez pas à dormir demain matin et à faire le plein de sommeil réparateur – vous en aurez besoin (vous entendez la petite musique inquiétante en arrière-plan?).

Non, ce n'est pas si grave. Plus sérieusement, je vais vous proposer un programme très précis étape par étape qui va vous aider à faire la transition et à devenir un lève-tôt sans la souffrance que vous appréhendez peut-être.

Je soumettrai également une alternative aux masochistes qui préfèrent se lancer à pieds joints et sont prêts pour un changement radical.

Quel que soit votre choix, demain est votre jour de liberté. Profitez-en.

Bilan express : piloter sa journée avant le petit déjeuner

1. Le 5 AM Miracle est le tour de force qui consiste à *piloter sa journée avant le petit déjeuner en sautant de son lit tôt, frais et dispos pour faire un pas de géant en direction de ses plus grands objectifs.*
2. Se lever tôt présente de nombreux avantages extraordinaires qui vont d'une meilleure productivité à une plus grande sérénité avant même que les autres ne soient réveillés.
3. Pour réaliser son propre miracle, inutile de se réveiller à 5 h ! Chacun peut choisir son heure miraculeuse pour se lever et piloter sa journée.

Plan d'action

1. Couchez par écrit vos quatre engagements et affichez-les à un endroit où vous les verrez tous les jours.
   - Je rédigerai un programme pour chaque journée.
   - J'adopterai systématiquement de bonnes habitudes pour un maximum d'énergie et d'enthousiasme.
   - Je définirai des objectifs à court terme qui m'aideront à atteindre mes grands objectifs.

- Je suivrai mes progrès, je ferai les ajustements nécessaires et je me tiendrai pour seul responsable.

2. Prenez un surligneur et un stylo, puis lancez-vous !

Chapitre 2

En quête d'excellence

La volonté de faire ce qui fonctionne

J'aimerais davantage les matins s'ils commençaient plus tard.

Garfield

Comme beaucoup d'étudiants, j'ai moi aussi eu une période dans ma vie où j'étais un oiseau de nuit. À cette époque, si j'étais réveillé à 5 h du matin, c'est uniquement parce que je faisais la fête depuis la veille.

Même après avoir commencé à travailler à plein-temps, je ne me levais tôt que quand je n'avais pas d'autre solution. Je n'aimais pas le petit matin. Je n'aimais pas assister au lever du soleil. En fait, je m'organisais pour que le moment entre mon lever et mon départ soit le plus court possible.

Si je devais partir travailler à 7 h, je ne me levais pas avant 6 h 30. Pendant ces 30 minutes, je courais dans tous les sens comme si la maison était en feu. J'avalais mon petit déjeuner en m'habillant et je me coiffais en me ruant vers la porte.

Quand j'y repense aujourd'hui, c'était de la folie *– de la folie pure.*

Comment ai-je pu me comporter ainsi pendant si longtemps ? Comment ai-je pu passer à côté de l'opportunité de me lever avec un but, avec un plan et avec une raison autre que la survie ?

Ce que je vivais à l'époque, beaucoup le vivent aujourd'hui. Leur journée commence dans la folie. Se lever et s'infliger un tel chaos est leur quotidien.

À l'extrême opposé, il y a ceux qui se lèvent sans projet ni énergie. Ils traînent, vont sur Facebook et gaspillent tout simplement leur temps. Ils ne font rien et n'arrivent au travail qu'avec peu, voire aucune ambition de faire quoi que ce soit de leur journée.

Je sais que ces deux cas de figure existent. J'ai été moi-même tour à tour l'un et l'autre à un moment de ma vie. Il est tellement facile de tomber dans le piège de se lever chaque jour sans avoir une véritable raison d'être, un sens ou une direction.

Il est décourageant d'assister à un tel gaspillage de potentiel, aussi bien chez moi que chez les autres, d'autant que je sais que quelques stratégies simples suffisent à y remédier. Que les matins soient un véritable champ de bataille où la folie se déchaîne ou rien de plus que quelques heures perdues n'a pas de sens.

Vous pouvez faire mieux – beaucoup mieux.

Le confort : le pire ennemi de l'excellence

Quand j'imagine ma vie idéale, j'ai tendance à utiliser toujours les mêmes mots pour décrire ce que je vois : ambition, réussite, prospérité et excellence.

Les centaines de livres de développement personnel que j'ai lus au fil des années m'ont peut-être lavé le cerveau. À moins qu'il ne faille y voir quelque chose de plus profond.

Depuis des années, je m'efforce activement à réduire l'écart qui me sépare de mon potentiel, cherchant ainsi à atteindre des sommets. Étant passionné de développement personnel, j'ai observé que l'excellence, comme la réussite, est un noble objectif qui vaut la peine d'être poursuivi.

Au fil des ans, j'ai compris que des habitudes quotidiennes simples (comme se lever tôt ou aller courir) sont la colonne vertébrale de cette excellence que je poursuis. Le problème est que certains jours, je ne suis pas totalement investi dans cette poursuite. Je préfère chercher un endroit confortable pour me reposer.

J'ai beau rencontrer un certain succès, il m'arrive régulièrement de faire tout mon possible pour ne pas travailler, contourner les difficultés et éliminer toute source d'inconfort. Le confort est addictif. Il est facile à trouver et il est omniprésent.

En plus, on nous propose sans cesse des outils et autres gadgets pour nous faciliter la vie.

C'est ce que vous voulez ?

Voulez-vous vraiment que votre vie soit plus facile et plus confortable ? Ou préférez-vous plutôt qu'elle ait du sens et qu'elle soit un modèle ?

Pour moi, *l'excellence est la recherche active de mon potentiel.* Elle n'est ni une position figée ni un but ultime. C'est un processus, une bataille continue et un combat quotidien.

Vous accédez à l'excellence en devenant chaque jour une meilleure version de vous-même. Ce n'est pas la perception que les autres ont de vous qui compte, mais la manière dont vous décidez de vivre votre vie chaque matin quand le jour se lève et de poursuivre cette quête tout au long de la journée.

Earl Nightingale, le père du mouvement moderne du développement personnel, définit la réussite comme « la réalisation progressive d'un noble idéal ». En d'autres termes, si vous œuvrez activement et constamment à des objectifs exaltants et ambitieux, vous vous rapprochez de votre propre potentiel, vous réussissez et, par voie de conséquence, vous atteignez des sommets.

Dans l'un de mes podcasts, j'ai repris une brillante idée de Darren Hardy, rédacteur en chef du magazine *SUCCESS* : la *concentration* est la compétence la plus importante du XXIe siècle. J'ai également expliqué que les distractions étaient le premier ennemi de la concentration.

Dans notre monde d'aujourd'hui, le confort pourrait bien être la distraction suprême et le pire ennemi de l'excellence. Rien ne vous fera abandonner plus vite, baisser la garde plus tôt, ou simplement perdre votre concentration plus facilement que le confort.

Votre cerveau aspire naturellement au confort, à la tradition et à l'uniformité. C'est ce qui explique que les habitudes sont si puissantes et deviennent de tels automatismes.

Surmonter vos tendances naturelles et fuir le confort qui vous empêche d'évoluer demandent beaucoup d'efforts. Le confort ne vous aide pas à avancer. Il travaille activement contre vous.

Manger gras, boire de l'alcool, vivre à crédit, veiller tard le soir, regarder la télévision et fuir les rencontres inconfortables sont autant d'exemples de notre désir naturel d'opter pour la facilité plutôt que d'emprunter la bonne voie.

Vous avez le choix. Les alternatives sont moins excitantes. C'est ce qui les rend si peu séduisantes à court terme, mais en même temps aussi puissantes tout au long de notre vie.

- Au lieu de manger gras, vous pourriez commander une salade.
- Au lieu de consommer de l'alcool, vous pourriez préférer boire de l'eau.
- Au lieu de vivre à crédit, vous pourriez mettre de l'argent de côté pour plus tard.
- Au lieu de veiller tard, vous pourriez aller vous coucher tôt.
- Au lieu de regarder la télé, vous pourriez lire un bon livre.
- Au lieu de fuir une conversation, vous pourriez entamer un échange intéressant.

C'est vrai, les alternatives à nos penchants naturels sont moins excitantes. Elles sont moins confortables et exigent un peu plus d'efforts de notre part. Toutefois, ces choix quotidiens simples sont ceux-là mêmes qui font une énorme différence s'ils s'inscrivent sur la durée. Ce sont eux qui finissent par nous conduire vers des sommets.

Vous avez le choix. Vous pouvez saisir les occasions d'évoluer ou rester prisonnier du confort facile qui vous colle aux basques.

Pour atteindre des sommets et lutter contre le confort qui vous en empêche, vous allez devoir accepter de souffrir et de faire preuve de masochisme à petites doses.

Le masochisme est « le plaisir de ce qui semble douloureux ou pénible ». Quand vous faites preuve de masochisme, vous acceptez et même vous appréciez la souffrance.

Avec du temps, vous pouvez surmonter la tendance à préférer le confort en entraînant vos « muscles du masochisme ». Vous pouvez littéralement apprendre à apprécier le processus d'évolution en renforçant votre détermination et en devenant une meilleure version de vous-même.

Je ne dis pas que vous allez finir par aimer souffrir. Je dis que vous pouvez améliorer votre capacité et votre volonté de persévérer quand la situation se complique plutôt que de baisser les bras.

Plus vous serez « musclé », plus vous serez actif et plus vous pourrez repousser cette distraction qu'est le confort. Vous serez aussi plus productif et plus performant si vous vous entraînez à développer l'énergie, les méthodes et les « muscles » qui vous permettront de travailler d'arrache-pied au quotidien.

Entraîner ses « muscles » du masochisme est une habitude. C'est faire chaque jour des petits gestes dans de nombreux domaines de la vie. À long terme, ils finissent par déboucher sur une évolution majeure.

Tout au long de ce livre et de la feuille de route (page 75), je vous mettrai au défi de vous donner à fond. Vous aurez toutes sortes d'occasions de prendre de nouvelles habitudes, d'avoir de nouveaux projets et d'adopter de nouvelles philosophies. Ce seront autant de chances de renforcer vos « muscles » du masochisme.

Dans le contexte qui nous intéresse, à savoir devenir un lève-tôt, le lien est évident : se lever tôt va être douloureux. Je ne vais pas vous mentir. Il est probable que vous voudrez abandonner et m'oublier.

N'en faites rien.

Ce qui est douloureux aujourd'hui peut très bien ne plus du tout l'être demain, car vos muscles gagneront en force, en puissance et en résilience.

Ce projet n'est pas impossible. Mais vous ne pouvez pas non plus rester passif. Les changements majeurs exigent des investissements majeurs. La bonne nouvelle est que cette évolution peut se faire progressivement sur la durée et que je serai auprès de vous tout au long du chemin, aussi bien avec ce livre qu'avec mes aides sur Internet (en anglais seulement, voir page 255).

Les 10 premiers bienfaits d'un réveil matinal

Se lever tôt est génial. Des dizaines de bénéfices incroyables justifient de régler son réveil sur 5 h du matin. Si vous en doutez encore, voici les 10 plus grands bienfaits qui devraient facilement faire pencher la balance :

1. Plus de temps pour organiser sa journée et être efficace

Le jour J, de toutes les bonnes raisons de se lever tôt, c'est peut-être la plus concrète. Quand vous vous réveillez ne serait-ce que 15 minutes plus tôt que d'habitude et que vous utilisez ce temps pour organiser votre journée, vous êtes déjà en mode pilotage.

Alors que les lève-tard s'extraient du lit à la dernière minute en se précipitant sur leur brosse à dents et leur mallette (si tant est qu'on en trouve encore), de votre côté, vous rédigez un programme précis de votre journée. Vous savez à l'avance ce que vous avez à faire et à ne pas faire. Vous connaissez les horaires de vos rendez-vous et les documents dont vous avez besoin. Vous connaissez le meilleur déroulement des événements de la journée, car vous avez optimisé votre emploi du temps et mis à jour la liste de ce que vous avez à faire.

Il est essentiel de préparer un programme écrit et réfléchi des priorités de votre journée. Prévoir ce que vous allez faire de votre temps est la stratégie numéro un pour réussir. C'est la première leçon de ce livre. C'est elle qui fait toute la différence entre la réussite et l'échec.

Si vous ne l'avez pas déjà fait, surlignez ce dernier paragraphe. C'est de la dynamite !

2. L'heure idéale pour un moment de calme

Les premières heures du jour sont probablement votre seul instant à vous de toute la journée. C'est souvent le cas. Le temps qui s'écoule entre 5 h du matin et l'heure où le reste de la famille se réveille est un moment en or. C'est la possibilité de glaner quelques précieux instants pour tout ce qui passe facilement à la trappe dans l'agitation qui suit.

Que vous choisissiez de lire, de méditer, de prier, de faire du yoga ou toute autre activité calme, profitez-en au maximum. Allumez une bougie, mettez une musique douce ou restez simplement assis en silence.

Pendant des années, j'ai refusé de méditer parce que je pensais que je n'étais pas assez posé pour y arriver. Ces dernières années, j'ai découvert que les moments de calme sont essentiels pour rassembler mes pensées, diminuer mon stress et conserver ma paix intérieure. Même si, comme moi, vous vous voyez comme un accro de la productivité, un hyperactif ou un ambitieux performant, ne négligez pas les bienfaits d'un ralentissement du rythme de votre vie – même de quelques minutes.

3. Un sommeil de meilleure qualité et plus régulier

Quand vous aurez adopté une heure de réveil, vous n'aurez pas d'autre choix que de fixer une heure de coucher pour avoir la quantité de sommeil dont vous avez besoin. L'un des formidables effets secondaires de ce nouveau style de vie est une probable amélioration de votre sommeil.

Parmi les nombreux facteurs de qualité de notre sommeil, la régularité est l'un des plus importants. Me lever tôt m'a obligé à me fixer comme priorité de me coucher, ce qui m'a obligé à arrêter de travailler plus tôt, ce qui m'a obligé à être plus efficace tout au long de la journée. Vous voyez le principe ? Définir une limite peut avoir un effet contagieux sur tous vos autres choix.

Mieux dormir est avant tout une question de régularité et de préparation. Savoir que vous devez être au lit à une certaine heure vous poussera à vous préparer à aller vous coucher. Votre corps et votre esprit seront alors prêts à se reposer.

4. Un regain d'énergie et d'optimisme

J'en connais beaucoup (suivez mon regard!) qui ne sont pas très frais le matin. J'ai les cheveux en bataille et les yeux collés, et mon haleine est pire que tout ce que vous pouvez imaginer. En plus, je ne saute pas naturellement de mon lit avec un sourire béat.

Ça, c'était avant. Maintenant, je suis rarement comme ça. En général, quand le réveil sonne, je saute littéralement de mon lit avec enthousiasme et j'entame ma routine matinale. Ce n'est pas génétique. *Je ne suis pas né comme ça.* C'est uniquement une question d'habitude, de méthode et de choix.

Le concept mérite d'être répété sans cesse : *les meilleures routines du matin donnent la priorité à l'énergie*, parce qu'elle est la base de la productivité. L'énergie est le fruit naturel d'une santé éclatante. C'est génial !

C'est peut-être le gai luron hyperactif amateur d'expresso en moi qui parle. Mais pourquoi vouloir être épuisé quand vous pouvez vous sentir en pleine forme. Pourquoi vouloir rester vautré dans le canapé quand vous pourriez être en train de courir ? Pourquoi vouloir délibérément vous contenir quand vous savez que ce qui vous pousse à avancer n'est rien de plus qu'une énergie durable ?

Nous verrons les détails au chapitre 7, mais sachez que si vous voulez remplir vos matins de joie et d'optimisme, vous pouvez le faire. Vous pouvez choisir de sortir du lit en souriant. C'est possible et l'effort en vaut la peine.

5. Une meilleure concentration

Quand vous vous levez en même temps que le soleil, si vous êtes vraiment la seule personne réveillée dans la maison, vous avez une chance formidable. L'un des plus grands avantages de se lever tôt est l'absence évidente de bruit et d'interruption. Rien ne s'interpose entre vous et votre objectif. Il n'y a aucune distraction si vous n'en créez pas.

Beaucoup de personnes commencent leur journée avec la télévision. Dès leur réveil, elles regardent une émission, le journal télévisé, les dessins animés ou un programme de fin de soirée qu'elles ont raté.

Si l'objectif est d'être concentré et efficace, les distractions de ce type doivent disparaître. La concentration présente un formidable avantage : elle est toujours disponible, sauf si vous choisissez de vous en passer. Se concentrer, c'est éliminer tout sauf ce qui compte le plus. Adoptez la simplicité d'une routine matinale ciblée et vous ne cesserez d'en récolter les bénéfices.

6. Un cerveau en meilleure forme : des idées plus claires et plus créatives

Avez-vous déjà essayé de faire quelque chose de vraiment important en fin de soirée ? Vous avez réussi ? Si vous êtes comme moi, vous devez faire un effort pour réfléchir. Et il est plus difficile et souvent pénible d'avoir les idées claires quand le cerveau est fatigué.

L'expérience m'a montré que mon acuité mentale est au plus haut pendant la première moitié de la journée, pas la dernière. C'est vrai en général. Dans *The Willpower Instinct* (« L'instinct de volonté »), Kelly McGonigal décrit la volonté comme une ressource finie qui se reconstitue pendant le sommeil. Au fil de la journée, vos réserves de discipline et votre désir de travailler diminuent lentement. Il nous est plus difficile de réaliser des tâches simples sans déployer un effort intense.

Si vous voulez surfer sur les cycles naturels de votre cerveau, saisissez votre chance et travaillez sur vos projets importants en début de journée. N'attaquez pas nécessairement dès le lever, mais n'attendez pas la fin de la journée pour vous atteler à votre prochain roman.

7. Plus beau et plus en forme

Mes meilleures routines du matin sont centrées soit sur un projet majeur, soit sur ma santé. Quand je ne lis pas, que je n'écris pas ou que je ne termine pas un projet urgent, je bois des smoothies aux légumes, je cours dans la nature et je me suspends la tête en bas avec mes attaches pour chevilles.

Les petites heures du matin sont le moment idéal pour prendre soin de soi. La plupart des gens grignotent quelques minutes ici et là pour aller faire un rapide tour à la salle de sport ou ne trouvent jamais le temps de s'occuper d'eux. Parmi tout ce que vous pourriez faire à 5 h du matin, manger un petit déjeuner sain et faire du sport doit arriver en tête de liste.

Se lever tôt n'est pas la solution magique pour perdre du poids, mais on observe que ceux qui se lèvent tôt sont aussi ceux qui font du sport. Ceux qui font du sport sont aussi ceux qui mangent sainement. Ceux qui mangent sainement ont tendance à perdre du poids. Et ceux qui perdent du poids ont tendance à avoir une plus grande confiance en eux et à se sentir mieux dans leur peau.

C'est vrai pour moi comme pour beaucoup autres, et cela pourra aussi l'être pour vous.

8. Une hausse constante de la productivité quotidienne

L'un des effets parmi les plus fascinants d'un réveil très matinal est qu'il génère une meilleure productivité sur toute la journée. En d'autres termes, quand vous commencez la journée avec un objectif, il est probable que vous la finirez avec un objectif.

Il m'arrive de faire la grasse matinée (quelle horreur, je sais !). Ces jours-là, je ne suis généralement pas aussi productif que les jours où je me lève tôt. C'est systématique. Quand je me lève avec un programme, ma journée se déroule selon mes plans. Quand je me lève et que j'improvise, j'obtiens les résultats auxquels on peut s'attendre – médiocres.

Si vous voulez être à fond toute la journée et mener votre programme tambour battant, mieux vaut entamer la journée comme vous voulez la terminer. Commencez avec un objectif et dans un esprit de productivité, puis terminez avec un objectif et dans un esprit de productivité.

9. De meilleures chances d'atteindre vos grands objectifs

Être productif, c'est accomplir des choses. Mais faire plus n'est pas l'objectif premier de ce livre. Quand vous vous levez plus tôt, vous vous ouvrez des portes. Vous pouvez littéralement faire tout ce que vous voulez. Vous avez libéré du temps qui n'existait pas jusqu'ici et vous avez le choix.

Vous pouvez soit optimiser ce temps soit le gaspiller. Vous pouvez en profiter au maximum ou le laisser filer. L'important est de déterminer à l'avance ce que vous allez en faire. Le meilleur moyen de profit des petites heures du matin est de se lever avec un programme précis pour progresser sur la voie de ses grands objectifs.

Vous pouvez faire des progrès phénoménaux en direction des objectifs qui comptent le plus pour vous en bloquant du temps pour vos principales aspirations. Vous pouvez tout à fait courir un marathon, écrire un livre, monter une entreprise, faire des études ou vous consacrer à tout autre projet digne de ce nom.

Une heure par jour, cinq jours par semaine, peut suffire pour avancer sur un projet qui vous tient à cœur. Profitez de ce moment et veillez sur lui comme sur les joyaux de la couronne.

10. Bienvenue dans le club très fermé des grands de ce monde

Qu'est-ce que Howard Schultz (PDG de Starbucks), Richard Branson (fondateur de Virgin Group), Anna Wintour (rédactrice en chef de *Vogue*) et Tim Cook (PDG d'Apple) ont en commun ? En dehors de leur incroyable réussite, ces quatre grands patrons sont aussi des lève-tôt. Richard Branson et Anna Wintour se lèvent à 5 h 45. Howard Schultz et Tim Cook à 4 h 30.

Mais il ne faut pas oublier d'autres personnalités illustres, comme Benjamin Franklin, Thomas Jefferson, Margaret Thatcher, Barack Obama, George W. Bush, Frank Lloyd Wright et Charles Darwin.

Il existe un lien clair entre objectif et réussite, entre les lève-tôt et les entrepreneurs, entre se lever avec un programme et changer le monde. Si vous voulez entamer votre cheminement vers la réussite, vous réveiller tôt demain matin est le premier point à faire figurer sur votre liste des choses à changer.

› HARO SUR LE BOUTON DODO

Pièges, erreurs et problèmes à éviter

Trouvez le titre qui vous qualifie le mieux. Avant d'être un marathonien, je n'en étais pas un. Avant d'être un animateur de podcast, je n'en étais pas un. Avant d'être un auteur, un mari, un diplômé ou quoi qui me définisse, je n'en étais pas un.

Vous ne devenez pas quelqu'un d'autre tant que vous ne l'êtes pas. Vous ne pouvez pas vous qualifier d'athlète, d'entrepreneur ou de lève-tôt tant que vous n'avez pas fait la démarche (ou terminé une course).

Quand j'ai commencé à vouloir intégrer la course à mon style de vie, j'ai rencontré un obstacle majeur: je ne me voyais pas comme un coureur. En fait, non seulement je n'aurais jamais utilisé ce terme pour me décrire, mais en plus j'en avais peur.

Les «coureurs» sont des athlètes d'élite. Ils sont minces, rapides et très doués pour quelque chose que je n'imaginais pas pouvoir faire (ou, du moins, faire bien).

L'été 2006, au retour d'un séjour d'étude à Prague, j'étais en très mauvaise forme. J'ai alors décidé sans attendre de faire de la course à pied le pivot de mon nouveau programme de remise en forme. Au début, je courais un peu chaque jour, généralement pas plus de cinq minutes d'affilée.

À la fin de l'été, je parcourais 8 kilomètres par jour. Étais-je devenu un coureur? Je le pensais alors.

Étais-je un coureur quand je ne courais que cinq minutes par jour? À mon avis, non.

Il a fallu attendre que j'atteigne 8 km par jour pour que je m'accorde le privilège de me qualifier de coureur.

Je ne sais pas pourquoi j'avais fixé cette limite, mais c'était ainsi. Elle était arbitraire, mais constituait le repère d'un vrai progrès.

L'histoire de mes débuts de coureur rappelle celle de tous ceux qui deviennent un jour quelqu'un d'autre. Un jour, il ne vous viendrait pas à l'idée de vous qualifier de lève-tôt. Et le lendemain, ce mot fait partie de votre vocabulaire. Vu de l'extérieur, rien d'important n'a changé, mais à l'intérieur, le changement est énorme.

Commencez petit et laissez-vous prendre au jeu. Il n'en faut pas plus pour faire un pas décisif vers un changement majeur. Croyez en votre nouveau titre et ne vous privez pas de l'adopter rapidement.

J'ai attendu beaucoup trop longtemps avant de me voir comme un coureur. Cinq minutes par jour, c'est comme huit kilomètres – il est question d'action et c'est l'illustration d'une démarche.

Même les vrais oiseaux de nuit peuvent un jour se qualifier de lève-tôt.

Bilan express : pourquoi c'est tellement génial de se lever tôt

1. Vous aurez le temps dont vous avez besoin pour organiser efficacement votre journée.
2. Les petits matins sont le moment idéal pour la méditation, la prière, le yoga, ou tout simplement pour un instant de calme.
3. Votre sommeil peut s'améliorer considérablement avec des horaires réguliers.
4. Vous aurez très certainement plus d'énergie et une attitude plus positive.
5. Il est plus facile de se concentrer sur ses grands objectifs.
6. Plus vos idées seront claires, plus votre créativité s'exprimera librement.
7. Les lève-tôt ont tendance à faire plus de sport, à manger plus sain et à avoir un corps plus beau. Que demander de plus ?
8. Être prêt à piloter sa journée dès le lever est quasiment la garantie d'en faire plus.
9. En vous levant tôt, vous avez plus de chances d'atteindre vos grands objectifs dans la vie.
10. Beaucoup de grands patrons se réveillent tôt et vous êtes sur le point de les rejoindre.

Plan d'action

1. Dans votre monde, à quoi ressemble un matin comme les autres ? Trépidant et stressant ? Lent et paisible ? Productif et passionnant ?

....

....

....

2. Votre vie est-elle trop confortable ? Quelles sont vos tendances en matière de confort ? Quelles habitudes et quels rituels vous détournent de vos grands objectifs ?

....

....

....

3. Quels points positifs vous séduisent le plus dans le style de vie des lève-tôt ? Après tout, pourquoi se lever tôt ? Qu'espérez-vous réaliser à 5 h du matin ?

....

....

....

Chapitre 3

Enthousiaste au saut du lit

Comment devenir du matin

Tous les soirs, je me couche tard, et tous les matins, je réalise que ce n'était pas une bonne idée.

Anonyme

La question qui m'est le plus souvent posée vient des couche-tard. Ils m'entendent vanter les bienfaits du réveil matinal et se posent toujours la même question : « Si je suis un couche-tard, puis-je vraiment changer et me lever tôt ? »

La réponse est simple : uniquement si vous le voulez.

L'heure à laquelle vous vous levez chaque jour n'est pas programmée génétiquement. Elle n'est pas inscrite dans votre ADN et ce n'est ni la prédétermination ni le destin qui vous maintient chaque matin la tête collée contre l'oreiller.

Se lever tôt s'apprend. C'est une excellente nouvelle. Avec le temps, vous pouvez donc réellement améliorer vos performances et observer de réels progrès.

En bref, si vous suivez une série d'étapes simples, vous pouvez opérer la transition, quelque soit l'heure à laquelle, actuellement, vous allez vous coucher ou à laquelle vous vous levez.

Devenir du matin est vraiment possible – même pour les couche-tard.

Sept étapes pour devenir du matin

Maintenant que je vous ai convaincu qu'en plus de valoir la peine, se lever tôt est aussi une stratégie fantastique sur la voie de la réussite à long terme, voici les sept étapes qui transformeront le couche-tard que vous êtes en vrai lève-tôt.

1. Écoutez le Ned Flanders qui sommeille en vous et prenez exemple sur lui

Ned Flanders est mon personnage préféré des Simpson. Il est l'incarnation parfaite du brave type imperturbable avec ses grosses lunettes et sa voix nasillarde.

Il est gentil et organisé et obéit à trois règles : propreté, mastication et religion, dont il prend sa dose quotidienne. Pour devenir du matin, mieux vaut penser comme un lève-tôt. L'heure est venue d'écouter le Flanders qui est en vous et de faire ce qu'il ferait à votre place.

Si vous décidez de sauter cette étape et que vous choisissez de nier qu'une infime partie de vous aime vraiment Ned Flanders, vous risque de vous lever tôt pour les mauvaises raisons. Au début, tout ira bien. Mais au fil du temps, vos progrès déclineront et vous risquez d'abandonner. Sans un motif passionné – une raison profonde et impérieuse de vous lever à 5 h du matin –, toutes les excuses seront bonnes pour rester au lit et nier les bienfaits dont nous venons de parler.

Tout est une question d'enjeu. Si vos plus grands objectifs dans la vie vous importent, sauter du lit avec enthousiasme devrait compter encore plus.

Action : si vous n'êtes pas fan de Ned Flanders, prenez comme modèle un lève-tôt célèbre. Devenez le nouveau Thomas Jefferson ou la nouvelle Margaret Thatcher. Étudiez sa vie, ses habitudes et ses succès. Marchez sur les traces de celui ou celle qui réussit le mieux dans votre domaine ou qui incarne le mieux selon vous cet être génial que vous allez devenir.

2. Faites la tortue en regardant sur le long terme

Ce qui est étonnant dans les choix majeurs, c'est qu'il est facile de les accomplir *une fois.* Vous pouvez courir un marathon sans entraînement. Vous pouvez faire un emprunt sans savoir si vous pouvez le rembourser. Vous pouvez passer une nuit blanche pour terminer un gros projet. Le problème, c'est que les retombées sont douloureuses.

Courir un marathon sans s'entraîner peut vous valoir une médaille pour avoir franchi la ligne d'arrivée, mais vous souffrirez comme vous pouvez à peine l'imaginer. Vous ne pourrez plus marcher pendant des jours et vous risquez de ne plus jamais courir.

Emprunter de l'argent sans savoir si vous pouvez le rembourser peut vous emmener à vous endetter, à dormir sur le canapé de vos parents et à faire faillite. C'est sympa sur le moment, mais ça fait très mal après coup.

Ne pas vous coucher ce soir, même si cela vous permet d'avancer considérablement sur un projet important, va ruiner votre emploi du temps des jours qui suivent, le temps que vous récupériez. J'ai passé moi-même pas mal de nuits blanches et j'ai toujours regretté de ne pas m'être mieux organisé à l'avance.

Aucune de ces solutions n'est viable à long terme. Elles sont toutes impulsives et quasiment impossibles à répéter. Mieux vaut découper les gros projets en petits et organiser son travail sur la durée.

La décision de devenir un lève-tôt ne doit être ni hâtive ni fantaisiste. C'est un mode de vie et un mode de pensée.

Si vous voulez réussir cette semaine, la semaine prochaine, ou dans cinquante ans, il vous faudra un programme solide.

Action : sortez votre agenda et commencez à redistribuer les cartes. Vos habitudes de sommeil vont changer. Tenez-en compte dès maintenant sur le long terme. Sur quels objectifs aimeriez-vous travailler en début de matinée ? Quelles tâches programmées en fin de journée doivent-elles être déplacées ?

3. Faites une détox de caféine

J'adore le café. J'adore en particulier boire un double expresso le matin. À l'heure d'adopter une routine très matinale, vous risquez de devoir temporairement revoir votre consommation de caféine.

Étant moi-même un caféinomane, je comprends ce que vous ressentez si cet effort vous paraît insurmontable. La bonne nouvelle est que vous n'avez pas à renoncer au café pour vous lever plus tôt. Mais si vous voulez faciliter la transition, il vous sera peut-être utile de diminuer votre consommation pour pouvoir vous endormir plus tôt le soir.

Plus vous dormez tôt, plus vous vous réveillez tôt. La logique est implacable, mais le coût émotionnel d'une diminution de la caféine est énorme. Je suis désolé !

Action : réduisez votre consommation de caféine et fixez-vous une limite quotidienne. Par exemple, je bois du café uniquement le matin et je m'interdis d'en prendre l'après-midi pour pouvoir m'endormir plus vite.

4. Repensez vos activités de fin de soirée

Quand j'étais étudiant, je passais régulièrement chez Taco Bell pour manger quelque chose en fin de soirée. J'avalais des burritos, des enchiladas et des sodas géants. J'ai du mal à m'imaginer engloutir tout cela aujourd'hui. Je ne suis plus le même qu'à cette époque.

Examinez vos habitudes de fin de soirée et demandez-vous si vous pouvez les décaler plus tôt dans la journée, voire les abandonner carrément. Vous regardez trop la télévision ? Éteignez-la. Vous surfez sur Facebook jusqu'à 1 h du matin ? C'est fini. Vous sortez avec des amis tard le soir en semaine ? Désolé, il va falloir attendre vendredi.

Pour que cette transition soit moins douloureuse, reprogrammez simplement vos activités nocturnes préférées. Inutile de renoncer totalement à la télévision et aux réseaux sociaux. Contentez-vous d'en limiter votre consommation une fois au lit.

Action : dressez la liste de vos activités nocturnes. Quelles sont vos activités systématiques que vous pourriez décaler, réduire ou carrément cesser de faire ?

5. Fixez une limite et allez vous coucher

Le meilleur moyen de se lever tôt est de se coucher tôt. Et le moyen le plus sûr de respecter une heure de coucher est d'éliminer les obstacles entre votre moi actif et trépidant et votre moi fatigué, au lit, les yeux fermés.

C'est pour cette raison que j'ai fixé une limite à mes soirées. 20 h est mon heure limite. À 20 h précises, j'éteins tout – mon ordinateur, mon téléphone, la télévision, l'iPad et tous les autres gadgets électroniques.

À cette heure-là, soit j'ai terminé ce que j'avais à faire dans la journée, soit je le reprogramme pour un autre jour. J'ai également dressé ma *to do list* pour le lendemain et j'ai répondu à tous mes mails (nous parlerons de la Boîte de réception Zéro au chapitre 8). Puis je me douche, je prends un livre et me mets au lit.

Cette routine du soir est écrite. Elle est programmée, adaptée au fil du temps et optimisée pour me permettre de me coucher chaque soir à l'heure sans faute. Y a-t-il des exceptions ? Bien sûr. Mais les chances de réussite augmentent considérablement avec une structure bien organisée et régulièrement mise à jour.

Action : sur le papier, planifiez votre routine du soir idéale. Notez ce que vous allez faire et quand vous allez le faire. Si nécessaire, fixez une limite pour cesser tout travail. Partagez ce programme avec tous ceux qui vivent avec vous ou qui aiment vous envoyer du travail tard le soir. Un conseil : parlez à votre chef de votre nouveau rythme de sommeil pour qu'il ou elle ne vous tienne pas éveillé jusqu'à minuit.

Pour des instructions plus détaillées sur votre routine du soir, rendez-vous chapitre 7 (page 153).

6. Décalez progressivement vos horaires

L'heure du changement a sonné. Pour demain, réglez le réveil 15 minutes plus tôt que d'habitude et avancez l'heure de votre coucher de 15 minutes. C'est un mini-pas vers votre objectif à long terme : trouver votre heure de lever idéale.

Si vous vous couchez actuellement autour de 23 h et que vous aimeriez vous coucher vers 21 h 30, prévoyez d'avancer par étapes de 15 minutes. C'est le meilleur moyen pour que la transition passe inaperçue. Ne vous levez pas plus tôt tant qu'un nouvel horaire ne vous paraît pas normal.

Ne vous inquiétez pas non plus du temps que peut prendre ce processus. Changez d'horaire quand c'est le bon moment. Selon votre emploi du temps et la réaction de votre organisme à ce changement, vous trouverez votre heure idéale le lendemain, la semaine suivante ou dans plusieurs semaines.

Action : prévoyez un premier changement en vous réveillant 15 minutes plus tôt. Fixez une heure de coucher et réglez votre réveil en tenant compte de la quantité de sommeil dont vous avez besoin pour être bien reposé.

7. Faites un geste positif dès le réveil

En phase de transition, prévoyez une nouvelle activité saine et productive à faire pendant ces 15 minutes. Si vous vous contentez de vous lever plus tôt et que vous suivez la même routine que d'habitude, rien n'aura changé, à part l'heure à laquelle vous vous serez couché. Le but ici est d'augmenter sa productivité et d'obtenir des résultats tangibles.

Vous pourriez les consacrer à n'importe quelle activité qui fait sens pour vous, mais je vous recommande de vous concentrer au départ sur l'une de celles qui vous ont manqué. Si vous aimez le yoga mais que vous n'arrivez pas à trouver le temps d'en faire, pratiquez-le pendant 15 minutes demain. En faisant quelque chose que vous aimez, vous finirez par apprécier beaucoup plus ce moment que vous ne pouvez l'imaginer.

Pour commencer, dressez une liste des habitudes matinales que vous aimeriez adopter ou des activités que vous pratiquez plus tard et que vous pourriez avancer en tout début de journée. Les meilleures habitudes matinales sont parfois celles qui vous aident à vous lever avec énergie et dans un état d'esprit positif. Je vous recommande une activité calme et paisible comme la méditation, la prière ou la lecture d'un livre stimulant.

Sinon, vous pouvez bouger votre corps en faisant des exercices de Pilates, une marche rapide, une course et une série de pompes. J'ai observé qu'un entraînement court, mais intensif dans ma routine du matin est un moyen infaillible de me lever plus tôt. Si vous voulez faciliter la transition, la rendre plus efficace et plus rapide, intégrez une pratique sportive dans votre routine matinale.

Action : prévoyez une activité saine que vous pratiquerez pendant les 15 minutes de temps libre que vous avez gagnées. Ne vous limitez pas à une seule activité, mais alternez en puisant dans une liste de choses que vous ne souhaitez pas pratiquer plus d'une fois par jour, du style « lundi méditation » ou « mardi course à pied ».

La méthode express

Si vous êtes plutôt du genre masochiste et qu'une transition progressive vers un style de vie très matinal vous semble pénible, j'ai une solution pour vous.

Répétez les sept étapes que je viens de décrire, à une exception notoire près : modifiez l'étape 6 et levez-vous à votre heure idéale dès demain matin.

Ce changement est simple. Vous vous ferez l'effet d'un voyageur en plein décalage horaire, terriblement fatigué et heureux d'avoir réussi. Ce sera difficile les premiers jours, mais ça ne durera pas. Je vous recommande de prévoir cette transition à un moment où votre travail et vos projets ne nécessitent pas une activité intellectuelle intense (voire pendant quelques jours de congé). Mettez-vous à jour dans votre ménage, dans les tâches qui vous ennuient et toutes celles que vous pouvez accomplir seul. Gérer seul sa fatigue et ce qui nous déplaît, c'est faire une belle faveur à sa famille et à ses collègues.

N'oubliez pas d'adapter votre heure de coucher à vos besoins de sommeil et à votre nouvelle heure de réveil. Il vous sera plus facile de vous endormir tôt maintenant que vous donneriez n'importe quoi pour pouvoir dormir un peu.

Les questions les plus fréquentes

Q : Combien de temps va prendre cette transition ?

R : Tout dépend de vous. Avec la méthode expéditive, vous pouvez être debout à 5 h du matin dès demain. Mais vous pouvez aussi opérer la transition sur plusieurs semaines ou plusieurs mois. Selon votre emploi du temps et votre détermination à devenir un lève-tôt, elle se produira au moment qui vous convient le mieux.

Q : Dois-je me lever tôt sept jours par semaine ? Que se passe-t-il le week-end ?

R : C'est là toute la beauté de la méthode. Non, vous n'avez pas à vous lever tôt tous les matins. Le but du jeu est d'avoir un objectif. Vous pouvez donc vous lever quand vous le voulez.

Mais si vous voulez vraiment devenir un vrai lève-tôt, votre rythme de sommeil doit être aussi régulier que possible. Si vous vous réveillez normalement à 5 h en semaine, vous lever à 11 h le samedi va perturber votre horloge interne. Je ne préconise pas de renoncer à toute vie sociale et de devenir un ermite, mais si votre priorité est la productivité, vous devrez faire quelques sacrifices.

La bonne nouvelle est que vous pouvez être souple et conserver néanmoins des habitudes positives.

Q : Quel est le nombre d'heures de sommeil minimum ? Ne serais-je pas plus productif si je dormais moins pour profiter au maximum de ma journée ?

R : Je ne suis pas un spécialiste du sommeil, mais je peux dire que nous avons tous des besoins différents pour récupérer. Tessa, ma femme, a besoin d'énormément de sommeil, entre 9 et 11 heures par nuit, alors que 7 ou 8 heures me suffisent pour me sentir reposé et d'attaque pour la journée.

Je pense que vous vous connaissez suffisamment pour savoir de combien d'heures de sommeil vous avez besoin pour vous réveiller frais et dispos. Le but est d'avoir la quantité idéale aussi souvent et aussi régulièrement que possible.

Si vous sacrifiez trop longtemps votre sommeil, votre productivité quotidienne en pâtira. Réaliser ses grands objectifs de vie est un projet à long terme. Parfois, un sacrifice à court terme s'impose. Mais le sommeil a un pouvoir magique. Faites de votre mieux pour conserver un rythme régulier et votre corps vous en sera reconnaissant.

Q : Si je me couche tard, dois-je me lever tôt même si je n'ai pas dormi mon content d'heures ?

R : J'adore cette question, parce qu'elle témoigne d'un désir de rester attaché à ses objectifs. Le problème, quand on se lève tôt dans ces conditions, est que cela se retourne rapidement contre vous.

Vous ne m'entendrez jamais dire à quelqu'un de se réveiller à l'aube après s'être couché bien après minuit – ça ne tient pas debout. Le risque est de manquer gravement de sommeil, d'éprouver des regrets et d'enregistrer une sérieuse baisse de productivité. Quand vous perdez le sommeil, vous perdez aussi la capacité à réfléchir clairement, à prendre les bonnes décisions et à être prêt à donner le meilleur de vous-même.

Si vous vous trouvez dans cette situation, faites la grasse matinée. Prenez tout le repos dont vous avez besoin et recommencez à vous lever tôt les jours suivants.

Q : Si je me réveille tard, ai-je raté l'occasion d'être productif ? Comment aborder le reste de ma journée ?

R : Il vous arrivera naturellement de vous lever tard. Cela arrive à tout le monde, y compris à moi. Le but n'est pas de l'éviter, mais d'optimiser les heures où vous êtes réveillé.

Si vous vous levez tard, vous pourrez toujours être productif, mais vous risquez de passer à côté de quelques habitudes clés que vous avez instaurées au réveil. Le mieux est de laisser courir. Acceptez de sauter votre entraînement matinal aujourd'hui et avancez. Vous aurez probablement d'autres occasions de faire ce que vous n'avez pas fait ce matin et vous pourrez toujours retrouver vos bonnes habitudes dès le lendemain.

Ne laissez jamais une journée vous détourner de vos objectifs. Restez concentré sur votre vue d'ensemble et reprenez votre routine le plus rapidement possible.

Q : Et le reste de la famille ? Que faire si je suis marié ou si j'ai des enfants, des colocataires, des chiens ou trois gorilles à la maison ? Comment me lever tôt dans une maison pleine ?

R : Si vous avez des gorilles chez vous, vous gagnez à être connu ! Ceci dit, vivre avec des personnes qui n'ont pas le même rythme que nous n'est pas une excuse pour dormir tard ou négliger vos objectifs.

Chacun de nous a des batailles à mener, des obstacles à surmonter et des situations insolites à gérer. Après l'université, j'ai traversé le pays pour aller travailler plus de 70 heures par semaine à cheval sur deux emplois tout en courant des marathons et en démarrant une activité annexe. *Je sais ce que c'est que d'être occupé.*

J'ai également franchi diverses étapes de ma vie alors que je vivais en famille, avec différents colocataires et même avec 30 autres garçons dans une fraternité où l'on faisait la fête tous les soirs. *Je sais ce que c'est que de poursuivre mes objectifs et de garder mon rythme au milieu des autres.*

Ne rien faire et laisser passivement un obstacle s'interposer entre vous et vos objectifs est un choix. Il est toutefois naturel et sain de savoir se situer dans la vie. Il peut arriver que certaines étapes, tendances et situations temporaires vous empêchent d'avoir la vie idéale dont vous rêvez.

Mais comme le dit Albert Einstein, « au centre de la difficulté se trouve l'opportunité ». Il y aura toujours des solutions enfouies dans le chaos. Il y aura toujours des moyens incroyables de progresser que vous n'avez pas vus plus tôt, mais qui s'imposent désormais à vous quand vous changez de point de vue.

Quand je me sens coincé ou piégé dans une situation, je cherche de nouveaux points de vue et je me demande : « Qu'est-ce qui me manque ? Si je devais absolument résoudre mon problème, comment ferais-je ? »

Posez-vous cette question et vous trouverez toujours la réponse. Ce ne sera peut-être pas celle que vous voulez entendre, mais ce sera une réponse.

Je suis debout. Je fais quoi, maintenant ?

Vous avez suivi les sept étapes et vous avez adopté une routine matinale (ou vous êtes sur le point de commencer). Que faire de vos précieuses heures gagnées au petit matin ?

Au chapitre 7 (page 139), vous trouverez quelques étapes simples pour structurer votre routine idéale de A à Z. Nous verrons quelques exemples de grandes routines du matin. Nous verrons aussi comment adapter votre routine à vos grands objectifs de vie et comment la tester pour s'assurer qu'elle est au top.

Avant d'aller plus loin, nous allons explorer dans les chapitres qui suivent la feuille de route qui est l'âme de votre nouvelle vie productive.

Le but de ce livre est de se lever tôt. Mais la routine du matin n'est qu'un rouage d'un vaste dispositif qui a le pouvoir de transformer toute votre vie en une machine à atteindre son objectif.

› HARO SUR LE BOUTON DODO

Pièges, erreurs et problèmes à éviter

Nous y voilà: fini le bouton Dodo.

J'ai une bonne raison de nommer cette rubrique «Haro sur le bouton Dodo». Appuyer sur cette touche, c'est commencer sa journée à reculons.

C'est démarrer chaque journée en prenant la décision de procrastiner. Donner une tape sur le réveil, c'est reporter la décision de sauter du lit et de piloter sa journée.

Appuyer sur la touche Dodo est un choix par réaction. Quand vous débutez la journée en réagissant à votre environnement au lieu de le façonner et d'être proactif, vous êtes sur la défensive. Tout devient un problème qu'il faut résoudre immédiatement et vous pouvez très vite vous retrouver dépassé et stressé.

Où a filé le temps?

Pourquoi ai-je oublié de méditer, de courir ou de lire mon livre préféré?

Que s'est-il passé ce matin?

Le bouton Dodo est la cause de ce scénario et renforce l'idée que le matin est un moment horrible, alors que c'est en réalité notre manière d'aborder notre journée qui est à revoir de fond en comble.

Mon conseil est en fait très simple: cessez totalement d'appuyer sur la touche Dodo. Réveillez-vous et levez-vous.

Plus question d'appuyer sur la touche Dodo.

Plus question de dormir au-delà de l'heure de réveil fixée.

Plus question de se priver du bonheur du petit matin et de la chance de réaliser vos plus grands objectifs.

Une nouvelle vie commence.

Demain, vous me remercierez.

Bilan express : du couche-tard au lève-tôt

1. Trouvez votre Ned Flanders, marchez sur ses traces et devenez le lève-tôt qui est en vous.
2. À l'instar de la tortue, vous travaillez sur le long terme. Préparez-vous maintenant pour l'aventure de demain.
3. Moi aussi j'adore le café, mais c'est le moment de faire une mini-pause et de réduire quelque temps votre consommation.
4. Finies les sorties burritos à minuit. Identifiez toutes les habitudes nocturnes que vous devez revoir.
5. Fixez une limite ferme à vos soirées et profitez-en pleinement. Pour se lever tôt, il faut se coucher tôt.
6. Et maintenant, le changement. Réglez votre réveil sur votre nouvelle heure. Opérez progressivement la transition ou sautez à pieds joints – à vous de choisir.
7. Un bon entraînement est source d'énergie. Pour faciliter le changement, prévoyez dès maintenant de faire du sport au petit matin.

Plan d'action

1. Instaurez une série de rituels du soir efficaces (notamment se coucher plus tôt que d'habitude), puis mettez-les en œuvre dès ce soir.

....

....

....

2. Pour demain matin, réglez le réveil 15 minutes plus tôt que d'habitude.

Votre heure actuelle :

....

Votre nouvelle heure :

....

3. Instaurez un nouveau rituel que vous allez pratiquer pendant ces 15 minutes.

Votre nouveau rituel :

....

....

....

II

La feuille de route

Chapitre 4

Les bases de la réussite

En route pour une longue aventure

J'ai toujours rêvé de devenir explorateur. Tout petit déjà, j'avais l'impression qu'un explorateur était quelqu'un qui vivait dans la jungle avec les indigènes et toutes sortes d'animaux sauvages, et je ne pouvais rien imaginer de mieux que cette vie-là ! Contrairement aux autres petits garçons, qui pour la plupart ont changé plusieurs fois d'avis sur ce qu'ils voulaient faire une fois grands, mon ambition n'a jamais faibli.

John Goddard, aventurier, explorateur et auteur

La voie de la réussite

Contrairement à John Goddard, j'ai été de ces petits garçons qui ont changé plusieurs fois d'avis sur leur avenir. J'ai même écrit un livre sur le sujet, *Graduated and Clueless* (« Diplômé et paumé »). Ma vie est placée sous le signe de l'expérimentation. J'apprécie davantage la diversité que les choix définitifs et j'admets volontiers ne pas vraiment savoir ce que je vais faire.

Mais il y a une chose dont je suis sûr : quand je prends une décision, je tire les leçons de mon expérience. Je suis curieux de ce qui pique mon intérêt et je poursuis mes passions jusque dans les allées sombres et les sentiers boueux. Comme John Goddard, ma vie est une formidable aventure, mais elle s'appuie davantage sur la curiosité que sur la confiance. Je ne sais peut-être pas toujours ce que je veux, mais je sais que je suis prêt à tout essayer pour le découvrir.

Deux mois après mon diplôme universitaire, j'ai quitté le Missouri pour aller vivre à 1 500 kilomètres de là, dans la métropole prospère de Boston, Massachusetts. Je n'avais ni emploi, ni argent, ni projet. Mais j'avais la volonté de m'installer à Boston. Ayant grandi dans le Middle West, j'avais toujours rêvé d'habiter dans une grande ville. Quand l'opportunité s'est présentée (en l'occurrence l'entrée à l'université de ma petite amie, qui est devenue ma femme), j'ai sauté sur l'occasion de devenir bostonien et fan des Red Sox.

Quelques jours après avoir emménagé dans mon appartement hors de prix, j'ai décroché un job pour faire du démarchage à domicile. Ne nous mentons pas. J'avais épluché les petites annonces à la recherche d'un emploi littéralement accessible à tous. Je n'avais pas de voiture et je mettais tous les jours 90 minutes en métro pour me rendre à mon travail. Au bout de neuf semaines, j'ai démissionné après n'avoir trouvé qu'une poignée d'acheteurs.

Le seul élément positif de cette dure expérience a été mon chef. Il était obsédé par John Maxwell, célèbre conférencier auteur de plus de 70 livres. Mon chef m'a donné un de ses livres, *Your Road Map for Success* (« En route pour la réussite »), en me demandant de le lire et de lui faire part des leçons que j'en avais tirées.

Cette lecture a été une vraie révélation. Après avoir passé les vingt-trois premières années de ma vie à rechigner à lire, c'était le premier texte qui captait toute mon attention et changeait mon point de vue sur le sens de la réussite et de la raison d'être.

Surtout, j'ai découvert le monde du développement personnel. John m'a ouvert les yeux sur une réalité : je pouvais choisir mon avenir, forger moi-même mon parcours et créer la vie dont j'avais toujours rêvé. Ce discours peut sembler exagérément naïf, mais la transformation qui s'est alors produite dans mon esprit avait tout d'une révolution.

Le meilleur de moi

Dans ma quête inlassable du développement personnel, je vise des sommets : devenir le meilleur de ce qu'il m'est possible d'être. Aucun autre scénario n'a de sens pour moi. Pourquoi sous-estimer mon potentiel si je peux sincèrement aller toujours plus haut ?

Au fil des ans, j'ai ainsi tenté de nombreuses expériences. J'ai changé radicalement mon alimentation, ma pratique sportive, ma foi et mon style de vie. J'ai couru des ultramarathons, j'ai envisagé de me nourrir uniquement de jus et j'ai lu des centaines de livres sur toutes sortes de sujets, de la création d'une activité annexe à la maîtrise de postures de yoga fantaisie.

Ce qui m'a le plus surpris, c'est que mes plus grandes révélations et mes plus grands succès ne reposent pas sur de brillantes innovations du niveau de celles qui pourraient résoudre la faim dans le monde.

Ce qui était vrai avant et qui l'est encore, c'est que mes plus grands exploits sont le fruit des processus les plus fondamentaux.

En introduction de ce livre, j'ai raconté que je m'étais entraîné à un marathon en me levant tôt pour courir avant d'aller travailler et je concluais en disant que me lever tôt pour m'atteler à mes plus grands objectifs serait la plus grande décision personnelle et professionnelle que j'avais prise depuis des années, et probablement que je prendrais jamais.

Se lever tôt n'est pas une innovation géniale. Ce n'est certainement pas non plus le remède contre le cancer et la misère. Mais les progrès que j'ai réalisés m'ont révélé que sauter du lit à 5 h du matin pourrait bien être la solution pour libérer le meilleur de soi.

Se lever tôt est une sorte de minuscule gond qui ouvre une grande porte. C'est peut-être le levier qui vous permettra de faire tout ce que vous imaginez, y compris des progrès tangibles en direction des objectifs qui vont déterminer votre avenir et vous rapprocher plus vite du meilleur de vous.

Les sept étapes pour une productivité exceptionnelle

Après des années passées à me lever tôt à la poursuite de mes grands objectifs de vie, j'ai formalisé les meilleures idées, les meilleures stratégies et les meilleurs processus dans une approche étape par étape que j'appelle la feuille de route. Elle se compose de sept étapes vers une productivité exceptionnelle et une réussite durable.

La solution pour lutter contre votre chaos quotidien est là. Elle apporte un peu de calme dans la tempête et pose, pourquoi pas, les fondations sur lesquelles vous pourrez construire votre avenir productif. C'est un projet audacieux. Examinons-le en détail. Vous verrez exactement comme il fonctionne dans le monde réel.

Voici les sept étapes de cette feuille de route. Chacune sera développée dans les chapitres qui suivent, où seront également proposées des actions précises à entreprendre pour donner vie à ces concepts.

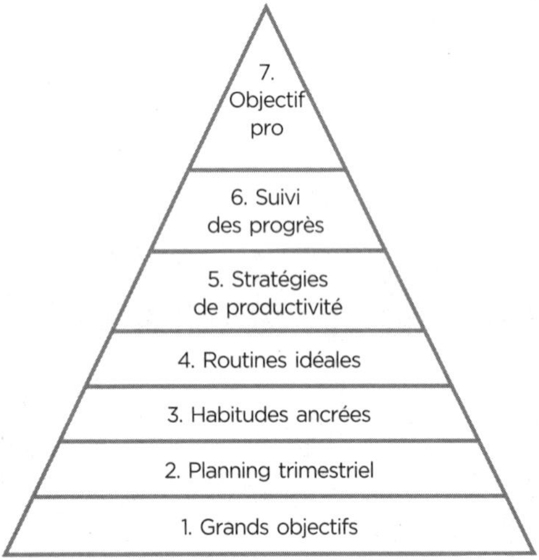

1. Définissez vos grands objectifs de vie.

La pyramide, illustration très couramment utilisée, est un excellent moyen de visualiser la feuille de route. Les fondations reposent sur vos grands objectifs. Nous verrons comment les identifier plus tard dans ce chapitre.

2. Créez votre planning trimestriel.

La deuxième étape consiste à créer un planning trimestriel dans lequel vos objectifs sont décomposés en jalons trimestriels (page 101). Ce processus aura pour effet de transformer vos rêves et vos fantasmes en projets concrets et pratiques.

3. Identifiez vos habitudes ancrées et leurs corollaires.

La troisième étape consiste à identifier vos habitudes ancrées, qui vont naturellement déboucher sur des habitudes productives corollaires. Toutes ces habitudes forment la structure de votre journée et entraînent plus de productivité, plus d'énergie et plus de clarté, ainsi que de nombreuses autres grandes retombées positives.

4. Créez votre semaine idéale avec votre routine du matin idéale et votre routine du soir idéale.

La quatrième étape consiste à créer vos routines idéales sous forme de semaine idéale, de routine idéale du matin et de routine idéale du soir. C'est là que le miracle se produit et vous permet d'optimiser vos précieuses heures.

5. Mettez en place les stratégies de productivité les plus efficaces.

Elles seront intégrées sous diverses formes tout au long de la journée et seront stratégiquement connectées à vos grands objectifs.

6. Suivez vos progrès avec des outils efficaces.

Sur la route qui mène vers vos objectifs, c'est le moment de mesurer, de surveiller et de gérer vos idées, vos tâches et vos projets.

7. Devenez un pro des stratégies de pointe.

La septième et dernière étape consiste à optimiser l'ensemble du dispositif avec des stratégies de pointe. Une fois que vous maîtriserez les précédentes étapes, vous pourrez intégrer des stratégies qui feront de vous un pro du matin.

La feuille de route est-elle pour vous ?

La feuille de route est plus qu'une série de stratégies ou une jolie pyramide. C'est une vision du monde, une lunette à travers laquelle vous voyez vos actes et vos choix les plus infimes donner de grands résultats.

Les personnes qui écoutent mes podcasts et lisent mon blog et que j'accompagne en coaching ne sont autres que des individus pleins d'ambition qui voient le monde tel que je le vois – comme un vaste champ des possibles. Cette feuille de route est une méthode à destination de ceux qui aspirent à saisir les possibilités qu'ils savent à portée de leur main.

Que vous ayez soif de réussite ou juste envie de mettre de l'ordre dans votre vie, la feuille de route vous offre un cadre pour tirer profit des opportunités qui se présentent chaque jour à vous.

À quoi ressemblent vraiment le « point A » et le « point B » ?

Pour contextualiser la feuille de route, prenons l'exemple assez banal d'un personnage fictif que j'appellerai Deborah la Débordée.

Pour le moment, Deborah la Débordée est au « point A ». Elle a un travail à plein-temps, des enfants à la maison, des objectifs personnels, des buts de remise en forme et des aspirations professionnelles, et sa vie est au bord du désastre. Elle se sent dépassée, elle ne fait pas face, elle est toujours en retard et elle n'est souvent pas à la hauteur, car ses méthodes sont inefficaces – voire inexistantes.

Elle attend plus de la vie, mais elle a le sentiment de crouler sous les responsabilités, les engagements et les idées. Elle a toujours trop à faire et jamais assez de temps. Elle a toujours plus de mails, plus de rendez-vous et plus de projets qu'elle ne pourra jamais en gérer, et encore moins en terminer.

En bref, Deborah la Débordée a désespérément besoin d'un miracle.

Et maintenant, voyons Deborah la Débordée au « point B », une fois qu'elle a mis en place la feuille de route et utilisé la méthode pendant quelques mois. Aujourd'hui, Deborah la Débordée est organisée et efficace et ses objectifs quotidiens sont clairs. Elle fait coïncider ses engagements à court terme et ses aspirations à long terme, sans parler du fait qu'elle respecte un programme écrit minutieux.

Dans son nouveau style de vie, elle a mis en place des procédures de suivi et de supervision. Elle améliore son rendement quotidien des stratégies de productivité efficaces et elle entretient son énergie et sa condition physique grâce à des habitudes de vie saines. Elle se lève chaque jour avec un programme et sait comment optimiser son emploi du temps pour pouvoir consacrer le plus de temps possible à ses grandes priorités.

Au point B, la vie de Deborah la Débordée n'est pas parfaite, mais le contraste avec le point A est saisissant. Elle a pris les rênes de sa vie. Elle a repris le contrôle.

Deborah la Débordée est devenue Deborah la Décuplée.

Votre vie n'est peut-être pas aussi chaotique que celle de Deborah la Débordée. Tant mieux. Vous pourrez adopter ces stratégies et obtenir des résultats encore plus vite qu'elle.

Passons à la première étape de la feuille de route. Que le spectacle commence !

Étape 1 : définissez les grands objectifs de votre vie

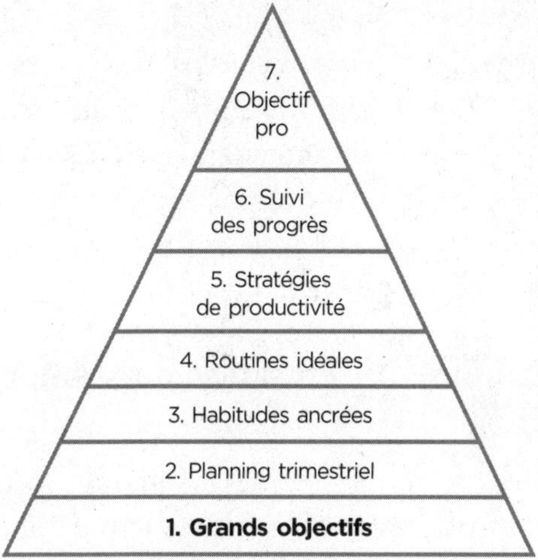

Toute grande aventure commence au moment où vous définissez précisément votre destination. Comme la plupart des gens, vous avez peut-être le sentiment de naviguer d'un objectif à un autre sans y trouver la moindre cohérence. Vous ne voyez ni ligne directrice, ni trame narrative, ni objectif clair.

Les meilleures histoires (et les meilleures vies) ont des finalités clairement définies. Elles vous embarquent dans des missions précises qui s'inscrivent dans un projet plus grand. Aucun but n'est isolé. Chacun fait partie d'une grande aventure.

Quand je parle de vos « grands objectifs », je parle des objectifs qui parlent à votre âme. Ce sont des rêves clairs et ambitieux qui deviennent rapidement des projets concrets.

Les grands objectifs ne sont pas des points sur une liste des choses à faire absolument avant de mourir, car ces objectifs-là se soldent généralement en fin de vie par des regrets. Ils entrent dans la catégorie des « Si j'avais… » ou « Pourquoi n'ai-je pas… » et ces mots ne font pas partie du dispositif.

Programme d'optimisation personnel (POP)

Avant de dresser la liste de vos grands objectifs, il peut être utile de formuler clairement de quoi votre vie aurait l'air si vous viviez à plein régime.

Commencez par créer votre Programme d'optimisation personnel (POP). Il s'agit d'une série de scénarios, cadres et/ou situations où votre vie fonctionne comme une machine bien huilée.

- À quoi ressemble la meilleure version de vous-même ?
- Que faites-vous ?
- Avec qui êtes-vous ?
- Qu'est-ce qui vous passionne et sur quoi travaillez-vous d'arrache-pied ?
- Que faites-vous quand tout fonctionne bien ?

Une fois que vous savez à quoi ressemble votre vie quand tout se passe magnifiquement bien, il est beaucoup plus facile de vous savoir ce qui compte vraiment. C'est le moment d'énoncer votre revenu, votre lieu de vie, vos amis, vos réussites et vos passions.

Dressez la liste de vos grands objectifs

Le moment est venu d'établir votre liste. Prenez un tableau blanc, trouvez un carnet, allumez votre ordinateur ou utilisez vos outils de réflexion préférés.

Votre première liste devrait être très longue. Ne vous censurez pas. Laissez chaque pensée devenir une idée réalisable. Vous pourrez toujours la retirer plus tard, mais vous museler ne fait que vous pousser à nier votre droit à rêver.

N'en faites rien. Sentez-vous libre de penser comme un enfant et de demander l'impossible. Soyez le pompier, la princesse ou l'astronaute que vous avez toujours su que vous seriez.

Voici quelques questions pour vous aider à dresser la liste de vos objectifs et identifier clairement les grands objectifs dans votre vie personnelle et professionnelle.

1. Qu'avez-vous toujours voulu faire sans jamais prendre le temps de le faire ?
2. De quoi pourriez-vous être extrêmement fier ?

3. Quelles réalisations de personnes qui réussissent et que vous admirez aimeriez-vous imiter ?
4. À quoi ressemble votre POP ?
5. Quelle idée vous effraie et vous enthousiasme à la fois ?
6. Qu'avez-vous essayé de faire dans le passé sans être allé jusqu'au bout ?
7. Si vous n'aviez pas de limite de temps, d'argent et d'énergie, que tenteriez-vous ?
8. Si un génie pouvait exaucer un vœu, que demanderiez-vous ?
9. Qu'est-ce qui vous procure une joie incroyable et qui pourrait être amplifiée si vous passiez à la vitesse supérieure ?
10. À quoi pensez-vous en ce moment même qui devrait se trouver sur cette liste ?

› HARO SUR LE BOUTON DODO

Pièges, erreurs et problèmes à éviter

Ne cessez jamais d'y croire.

Il n'est que trop courant d'encourager les jeunes à voir grand, puis de réprimander les adultes qui ne grandissent jamais. Rêver n'est pas réservé aux enfants de 6 ans qui veulent être astronautes ou aux adolescents qui veulent supprimer la faim dans le monde.

Nous avons tous de grands objectifs. Et quand nous cessons de croire en notre capacité à rêver, nous cessons de croire en la capacité des autres à faire de même.

Ce qui me surprend, c'est que la plupart des objectifs nécessitent généralement la même quantité d'efforts. Pourquoi, dans ces cas-là, supposons-nous que poursuivre nos fantasmes est une utopie? Pourquoi supposons-nous que viser les étoiles est réservé aux autres?

À l'heure d'établir vos grands objectifs, ne cessez pas de croire en vos propres capacités. Allez de l'avant et partez du principe que vos grands objectifs sont trop étriqués. Ils le sont probablement.

Vous pouvez faire plus et vous pouvez faire mieux.

L'un de mes grands objectifs personnels est de courir les 160 km de l'ultratrail de Leadville, dans le Colorado. C'est l'une des courses les plus extrêmes du monde et elle entre aisément dans la catégorie des plus grands défis personnels que je peux imaginer.

Ken Chlouber, cofondateur de la course de Leadville, est célèbre pour avoir dit: «Vous êtes meilleur que vous ne le pensez et vous pouvez faire plus que vous ne le pensez.» Cet esprit anime tout grand objectif, et en particulier toute démarche de fixation des objectifs.

Ne vous empêchez pas de voir grand simplement parce que vous avez cru ne jamais en être capable.

Bilan express : feuille de route et grands objectifs

1. Le but ultime est de poursuivre la meilleure version de soi, et se lever tôt accélère le processus.

2. La feuille de route est une approche méthodique pour améliorer considérablement sa productivité et atteindre ses grands objectifs.
3. Si vous avez soif de réussite, la feuille de route est pour vous.
4. Identifier ses grands objectifs est aussi simple que penser de nouveau comme un enfant et s'autoriser à demander l'impossible, et plus encore.

Plan d'action

1. Que faites-vous pour évoluer ? Lisez-vous souvent des essais, des revues ou des articles, ou participez-vous à des conférences, à des groupes de réflexion ou à toute autre expérience personnelle vous permettant de développer vos compétences, votre caractère et autres traits dignes d'intérêt ?

   ....

   ....

   ....

   ....

   ....

2. Créez votre Programme d'optimisation personnel (POP), série de scénarios, de cadres et/ou de situations où votre vie fonctionne comme une

machine bien huilée. À quoi ressemble votre meilleure version de vous-même ?

....

....

....

....

....

Que faites-vous ?

....

....

....

Avec qui êtes-vous ?

....

....

....

Qu'est-ce qui vous passionne et sur quoi travaillez-vous d'arrache-pied ?

....

....

....

Que faites-vous quand tout fonctionne bien ?

....

....

....

3. Dressez une liste de vos grands objectifs de vie (personnels et professionnels) et des objectifs auxquels vous travaillez aujourd'hui.

....

....

....

....

....

Vos grands objectifs personnels :

....

....

....

Vos grands objectifs professionnels :

....

....

....

Les objectifs auxquels vous travaillez en ce moment :

....

....

....

Chapitre 5

Oublier les objectifs annuels

Comment atteindre maintenant vos grands objectifs

Nous croyons à tort qu'une année représente beaucoup de temps. Nous agissons donc comme si nous avions beaucoup de temps. Il nous manque un sentiment d'urgence. Nous ne réalisons pas que chaque semaine compte, que chaque jour compte, que chaque moment compte. Alors qu'en réalité, l'efficacité se joue chaque jour et chaque semaine!

Brian P. Moran, auteur de *The 12 Week Year* («L'année des 12 semaines»)

En 1955, Cyril Northcote Parkinson, historien et analyste politique britannique, observa que «le travail augmente jusqu'à occuper le temps qui lui est affecté». Ce principe simple, connu sous le nom de loi de Parkinson, peut avoir un profond impact sur le délai dans lequel vous accomplissez vos tâches.

En matière de productivité, soit vous avez très peu de temps et vous êtes obligé de vous presser, soit vous avez plus de temps que nécessaire et vous risquez fort d'être inefficace.

Il est rare de connaître avec précision le temps nécessaire pour effectuer une tâche. Nous sommes souvent incompétents pour prédire la durée d'un projet, et quand nous avons plus de temps qu'il n'en faut, nous le prenons.

Pourquoi ?

C'est dans la nature humaine. Nous sommes paresseux. Nous choisissons la facilité et nous voulons croire que nous serons plus productifs demain que nous ne le sommes aujourd'hui. Nous pensons que comme nous avons « tout le temps » de travailler sur un projet, nous pouvons remettre le travail à plus tard. Le problème est qu'aujourd'hui est le demain d'hier. Nous vivons aujourd'hui les fantasmes de notre passé. Hier, vous pensiez probablement que vous auriez plus de temps aujourd'hui que vous en avez. C'est typique.

La réalité est que le temps est limité. Il passe rapidement et vous n'avez que le moment présent pour vous emparer des objectifs qui vous tiennent à cœur. Au lieu de planifier votre vie longtemps à l'avance et de penser qu'il vous reste beaucoup de temps pour terminer vos projets importants, vous devez changer de point de vue et vous mettre au travail dès aujourd'hui.

Les programmes à long terme ne fonctionnent pas

Pour fixer ses objectifs, la méthode la plus courante consiste à se poser une fois par an pour rédiger ses résolutions de la nouvelle année. Le 1er janvier, vous commencez donc à travailler sur des projets qui peuvent attendre jusqu'au 31 décembre.

Une échéance à un an peut-elle vraiment être motivante ? Quel est le risque si vous ne progressez pas aujourd'hui, demain, la semaine prochaine, voire le mois prochain ?

En plus de l'absence de sentiment d'urgence, vous n'avez aucune idée de la manière dont va se passer votre année. Vous avez peu, voire aucun contrôle sur les projets qui vont arriver, sur les idées que vous allez avoir ou sur les opportunités qui vont retenir votre attention, votre énergie, votre temps et votre argent.

Tim Cook, PDG d'Apple, a été interrogé sur le plan à 25 ans qu'il avait imaginé en quittant l'université. Au cours de l'entretien, qui eut lieu 25 ans après l'obtention de son MBA, l'intervieweur lui demanda : « Comment a-t-il [votre plan à 25 ans] fonctionné pour vous ? »

Voici sa réponse : « [Mon plan à 25 ans] était raisonnablement juste les 18 à 24 premiers mois.

Après cela, plus rien n'était exact. Absolument rien. Zéro. La conclusion que j'en tire est que mon parcours n'était pas du tout prévisible.»

Tim Cook est probablement l'un des hommes les plus puissants du monde et il n'aurait pas pu prévoir qu'il serait là où il est aujourd'hui ? Que penser alors des plans à long terme ? Pas grand-chose.

S'organiser pour réussir, de David Allen, est l'un des meilleurs livres que j'aie jamais lu sur la productivité. Sa théorie sur la productivité maximum est une formidable leçon de perspective : « Pour des raisons pratiques, je recommande plutôt de progresser de bas en haut. Ayant initié des clients aux deux approches, je peux affirmer en toute honnêteté que l'approche ascendante procure des bienfaits plus durables. J'ai toujours obtenu de meilleurs résultats en amenant mon client à maîtriser d'abord les réalités concrètes avant de s'élever aux niveaux suivants.»

Pour espérer résoudre les problèmes que vous aurez dans 25 ans, vous devez d'abord résoudre les problèmes que vous aurez dans 25 minutes. Dans son livre, David Allen explique également que s'il aide un client à prendre le contrôle de ses tâches quotidiennes, ce dernier se sent incroyablement plus confiant, plus positif et plus optimiste pour son avenir à long terme.

Au lieu d'adopter cette méthode pour planifier vos deux prochaines décennies, commencez plutôt par planifier les heures, puis les jours et les semaines qui viennent.

Au fil du temps, quand votre capacité à prévoir votre emploi du temps à court terme aura progressé, il vous sera plus facile d'avoir une vue d'ensemble. Mais comme l'a montré Tim Cook, la méthode a ses limites. En d'autres termes, vous pouvez peut-être planifier efficacement les 30 prochains jours, mais planifier les 30 prochaines années est autrement plus difficile. C'est même une perte de temps. À quoi sert de se préoccuper de son avenir à long terme si l'on fait peu au présent pour améliorer sa situation actuelle ?

Posez-vous la question suivante : « Si je continue sur la voie sur laquelle je suis actuellement, où serai-je dans 5, 10 ou 20 ans ? Est-ce là que j'ai envie d'être ? »

Mettre ainsi les choses au clair peut vous aider à vous atteler à vos tâches individuelles au quotidien.

Le plus important aujourd'hui

Pourquoi les bonnes résolutions du Nouvel An et les plans à 25 ans ne fonctionnent-ils pas ? Parce que trop anticiper un avenir que vous ne contrôlez pas fait naître des attentes qui ne correspondent pas à votre moi idéal.

Quand, des années à l'avance, vous rêvez d'objectifs qui sont hors de portée et vous paralysent de peur, ou pire, qui sont si médiocres et ennuyeux qu'ils vous retirent toute envie d'agir, vous sous-estimez votre potentiel.

Quand vous planifiez votre vie trop longtemps à l'avance, vous imaginez souvent un avenir idéalisé dépourvu de problèmes et d'obstacles et vous ignorez les occasions réelles qui s'offrent à vous au moment présent.

C'est comme braquer une minuscule lampe torche au fond d'un puits sombre et profond. Vous voyez à peine ce qui est devant vous et vous devez deviner tout ce qui est hors d'atteinte. Plus vous essayez de planifier votre vie à long terme, plus vous êtes obligé d'inventer pour combler les vides. En entreprenant aujourd'hui des projets qui ne correspondent pas à vos projets d'avenir, vous vous retrouvez trop occupé pour faire de réels progrès.

Chercher à atteindre ses grands objectifs en planifiant toute votre vie des années à l'avance n'est tout simplement pas la solution.

Revoyons ceux dont vous avez dressé la liste dans l'étape n° 1 de la feuille de route (page 89).

Ce sont autant de projets potentiels. Ce sont des idées, des fantasmes et des possibilités futures. Le moment est venu de transformer ces concepts en réalité grâce à une méthode efficace qui va vous aider à atteindre votre objectif en clarifiant ce qui compte le plus aujourd'hui et en mettant le reste de côté pour plus tard.

Ce dispositif vous fait progresser ici et maintenant en direction de vos objectifs majeurs, car il gomme les inefficacités du planning à long terme.

Ce qui m'amène au planning trimestriel

Étape 2 : le planning trimestriel

Que se passerait-il si vous n'aviez qu'un grand objectif aujourd'hui ? En quoi cela changerait-il votre vie ? Seriez-vous moins stressé ? Plus concentré ?

Et si vous en aviez 10 ? Ou 100 ? Cette charge de travail est-elle gérable aujourd'hui, ou même sur une année entière ?

J'ai observé que la simplicité l'emporte toujours. Jamais le fait de me rajouter du travail ne m'aide à me sentir mieux, sauf si je n'ai absolument rien en cours.

Il est plus que probable que ni vous ni moi n'avons besoin de plus dans nos vies. Nous avons plutôt besoin de coupes franches pour garder la tête hors de l'eau, rester concentrés et faire des progrès tangibles en direction de nos grands objectifs.

Simplifiez à l'extrême votre liste et raccourcissez considérablement l'échéance. Telle est la solution pour sortir de ce chaos. C'est beaucoup plus sain et productif que de fixer des objectifs annuels ou d'imaginer des plans sur plusieurs années (voire plusieurs décennies).

Le planning trimestriel est la deuxième étape de la feuille de route. Il est aussi simple qu'il y paraît. Au lieu de fixer des objectifs annuels, vous fixez des objectifs trimestriels.

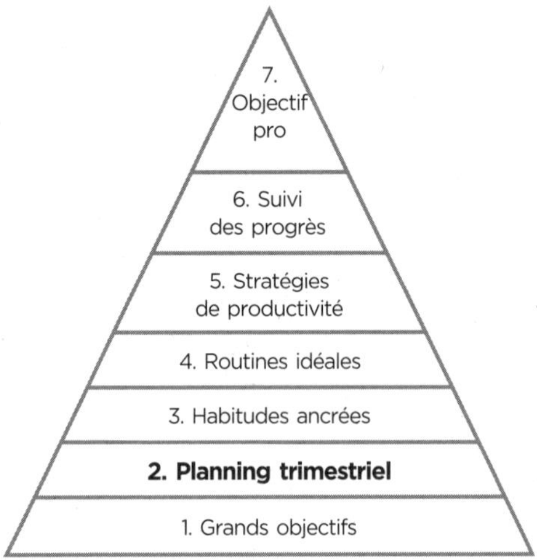

Vous vous dites peut-être : « Mais Jeff, j'ai déjà des objectifs annuels et des objectifs trimestriels. En quoi est-ce différent ? »

Primo, si vous avez déjà écrit un plan solide pour l'année, si vos objectifs sont décomposés en échéances trimestrielles et si vous respectez ce programme, vous avez des années-lumière d'avance. En fait, vous avez toutes les compétences pour écrire ce livre avec moi.

Secundo, quand je parle d'objectifs trimestriels, j'en parle comme en parle Brian Moran dans son livre, *The 12 Week Year* (« L'année des 12 semaines »). Brian y décrit une année qui ne compte que 12 semaines, soit trois mois, 90 jours ou un trimestre (je parle en trimestres, mais vous êtes libre d'utiliser l'unité de temps la plus propice à votre concentration. C'est le but, après tout.)

Dans la pratique, cela signifie qu'un trimestre représente une année – rien qui ne soit pas indispensable ne sera planifié au-delà de cette période. Et vous travaillerez aussi dur pendant ce trimestre que vous le feriez normalement à la fin d'une année de 12 mois.

La plupart des gens ont tendance à dresser une liste de leurs bonnes résolutions de la nouvelle année en janvier, puis à travailler dessus comme des fous en novembre et décembre, car ils ont procrastiné pendant plus de 10 mois. Le but d'une année qui ne dure que 12 semaines au lieu de 12 mois, c'est que la pression s'exerce tout de suite. Vous êtes obligé de fixer des priorités, d'être concentré au maximum et de vous atteler au travail immédiatement, car l'horloge tourne.

› ÉCHÉANCES TYPES DU PLANNING TRIMESTRIEL

Du 1er janvier au 31 mars

Du 1er avril au 30 juin

Du 1er juillet au 30 septembre

Du 1er octobre au 31 décembre

L'idéal serait de décider qu'une année dure 60 ou 120 jours, voire d'aspirer à vivre au jour le jour sans penser au-delà des 24 prochaines heures. Mais le planning trimestriel a quelque chose de magique.

Le monde des affaires fonctionne par trimestres. Vos échéances seront donc alignées sur celles de vos collègues. En plus, trois mois peuvent suffire pour réaliser des projets assez ambitieux comme monter son entreprise, écrire un livre ou s'entraîner pour un marathon.

Il peut s'en passer des choses, en 90 jours. Et pourtant, ce n'est qu'un petit créneau qui doit être géré soigneusement si vous ne voulez pas le gaspiller.

Ma vie avec le planning trimestriel

Mon expérience du planning trimestriel a vraiment été révolutionnaire. Je ne veux pas en exagérer les bienfaits, mais je dois dire qu'il a considérablement simplifié une vie déjà très productive.

En quelques jours, j'ai supprimé une dizaine de projets de ma liste des objectifs personnels et j'ai commencé à me concentrer sur seulement quatre d'entre eux. J'en ai terminé deux en quelques semaines, puis j'en ai progressivement rajouté, mais uniquement quand j'avais du temps.

Les bienfaits sur mon attitude et mon niveau de stress ont été immédiats. Je reprenais le contrôle de ma vie et j'étais moins inquiet au sujet de mon avenir immédiat. Plus je supprimais de tâches, de projets et d'objectifs de mon gestionnaire de tâches, plus je me sentais libre de commencer à travailler sur ceux qui exigeaient le plus d'attention.

C'est plus un art qu'une science et il a fallu que j'apprenne à lâcher prise. Il est tellement facile de s'accrocher à ses objectifs, même si vous n'avez jamais fait le moindre progrès.

Avant de découvrir *The 12 Week Year*, j'utilisais déjà une méthode similaire sans toutefois l'avoir formalisée. J'ai commencé à mettre en place un planning trimestriel pour atteindre mes objectifs environ six mois après le lancement de mon podcast. Je dois dire que j'avais attendu beaucoup trop longtemps.

Le volume des projets dans lesquels j'étais engagé était insensé. La même année, en plus de créer mon podcast, j'ai commencé mon activité de coaching, j'ai modifié mes habitudes alimentaires et sportives, j'ai démarré, puis abandonné une carrière éclair dans la transaction immobilière et j'ai créé mon site web jeffsanders.com (ce qui est dément quand on sait que je n'ai aucune expérience dans le web design).

La première étape fut de simplifier mes projets et de les ramener au strict minimum. J'écartai les plus superflus et différai les objectifs à long terme. Je me concentrai sur ma situation présente et commençai à me sortir des positions délicates dans lesquelles je m'étais mis.

Le secret de la productivité est la simplicité. Le planning trimestriel a tenu ses promesses. Il m'a permis de définir des priorités, d'ignorer les idées qui n'étaient ni urgentes ni importantes, puis de m'atteler un par un aux projets de ma très courte liste.

Avant la mise en place du planning trimestriel, je pensais qu'il suffisait de continuer à accepter de nouveaux projets pour se sentir plus productif. Je suis pourtant le premier à admettre qu'il est ridicule de fixer un objectif dans ce but. Le seul intérêt de se sentir productif, c'est de vouloir l'être de nouveau.

Le risque est de remplir sa liste de tâches à faible valeur ajoutée plutôt que de tâches prioritaires qui font avancer les choses.

Le planning trimestriel est un drôle de moyen de gérer son temps par priorités et de se dispenser d'une grande partie du travail qui procure le sentiment agréable du devoir accompli. Je ne dis pas qu'il n'est pas bon de se sentir productif. Il faut juste être sûr que ce sentiment est motivé par les bonnes raisons. À la fin de la journée, les questions que vous vous posez doivent porter sur votre efficacité, pas sur vos émotions.

- Ai-je fait de vrais progrès tangibles vers mes grands objectifs ?
- Ai-je gardé le cap et fui les distractions ?
- Ai-je profité au mieux de ma journée ?
- Pourrai-je être plus efficace demain ?

Cocher une longue *to do list* est peu productif. Se concentrer sur la quantité plutôt que sur la qualité provoque un CHS (*Clean House Syndrome*, ou syndrome de la maison propre). Quand je veux sciemment éviter de faire mon travail le plus important, je range la maison. Est-ce l'hyperactif en moi qui cherche à bannir le désordre de son environnement, ou le paresseux en moi qui fait tout sauf le travail qu'il a à faire ? C'est drôle, les jours où je suis productif, ma maison est clairement mal rangée. Par contre, les jours où je suis paresseux, elle est nickel.

Pour profiter au mieux de votre planning trimestriel, il est essentiel d'apprendre à se concentrer sur ce qui est important et de rester sourd à ce qui ne l'est pas.

Mise en place du planning trimestriel

Le planning trimestriel est très simple à mettre en place et à conserver sur plusieurs années. Voici les sept étapes de sa mise en œuvre.

1. Choisissez les dates de vos trimestres.

Vous pouvez choisir les dates que vous voulez, mais il est probablement plus facile de s'en tenir aux trimestres classiques (1er janvier, 1er avril, 1er juillet et 1er octobre). Selon la date à laquelle vous lisez ceci, vous pouvez commencer dès maintenant et terminer le trimestre actuel, ou décider de démarrer au début du prochain.

2. Libérez votre agenda.

Éliminez tout ce que vous pouvez de votre agenda pour faire de la place à vos grands objectifs les plus urgents. Vous passerez probablement le trimestre actuel à terminer les projets entamés. Par exemple, s'il reste six semaines pour vous entraîner pour un semi-marathon et organiser votre mariage, menez ces deux projets à terme et commencez le trimestre suivant avec un agenda vierge.

C'est le moment idéal pour supprimer des projets, éliminer des tâches superflues et décliner toute nouvelle invitation. Aussi difficile soit-il de lâcher prise et de dire non, c'est le seul moyen de rester disponible pour vos plus grands objectifs.

3. Choisissez vos deux ou trois grands objectifs.

Parmi la liste que vous avez dressée au chapitre précédent, choisissez uniquement deux objectifs sur lesquels vous concentrer – peut-être même un seul pour l'instant. La première fois, faire ce choix a été pour moi la partie la plus délicate. Il est difficile d'en sélectionner uniquement un, deux ou trois parmi des dizaines ou des centaines d'idées, mais c'est ce qui fait toute la différence entre la réussite et l'échec.

La magie de la créativité va opérer. Vous allez libérer de l'espace dans votre esprit pour réfléchir et dans votre emploi du temps pour travailler. Si vous persistez à poursuivre trop de lièvres à la fois, vous allez continuer de vous disperser et de faire peu de progrès.

Vous aurez peut-être un ou deux objectifs qui prendront plus d'un trimestre. Par exemple, si vous vous entraînez pour un marathon, vous savez qu'il faudra probablement entre 6 et 12 mois. Dans ce cas, faites comme pour un objectif annuel classique, décomposez-le et définissez une échéance en fin de trimestre.

4. Dressez une liste des actions à mener à partir d'un rétroplanning de vos objectifs.

Après avoir choisi vos objectifs trimestriels, le moment est venu d'établir un rétroplanning. Il suffit de dresser une liste de chaque objectif majeur à atteindre en remontant de la fin du trimestre à aujourd'hui pour être sûr d'avoir terminé votre objectif en fin de trimestre, voire avant.

Soyez aussi précis que possible. Votre objectif, mais aussi chaque étape doivent être aussi précis que vous pouvez l'imaginer afin de ne laisser aucune ambiguïté quant à la teneur de la prochaine étape.

5. Tenez un carnet de vos objectifs.

Vous pouvez mettre en place un planning trimestriel dès maintenant avec les outils que vous employez déjà. Je ferai référence à ceux que j'utilise, et que je vous recommande, mais libre à vous de poursuivre avec tout ce que vous savez être efficace pour vous. Il y a quelques années, j'ai opté pour un style de vie sans papier. Evernote en est l'un des éléments clés. Ce logiciel gère absolument toutes les notes possibles et imaginables. Il vous permet de créer des « notes » qui entrent dans des « carnets » qui sont classés dans des « piles ».

À défaut d'Evernote, vous pouvez utiliser Google Drive, Microsoft OneNote, des carnets papier classiques ou n'importe quel autre système. Quel que soit votre choix, voici un moyen efficace d'instaurer, de mettre en œuvre et de gérer votre planning trimestriel.

Premièrement, créez (ou trouvez) un carnet et donnez-lui le nom du trimestre en cours (par exemple, « Objectifs T1 2016 »). Puis ouvrez une note/page pour chaque grand objectif que vous comptez réaliser ce trimestre. La première partie sera constituée de la *to do list* que vous avez établie au cours de l'étape précédente. Viendra ensuite un rapport de suivi où vous indiquerez les progrès réalisés chaque semaine.

› EXEMPLE: COURIR UN MARATHON

Actions à mener

1. ~~S'inscrire à la course.~~
2. ~~Établir un plan d'entraînement.~~
3. Rencontrer mon entraîneur pour discuter de mon plan.
4. Acheter de nouvelles chaussures de course.
5. M'entraîner chaque semaine.
6. Préparer mes affaires pour le jour de la course.
7. Faire la course le..............

Rapport de suivi de projet

Semaine	Date	État d'avancée du projet
1	1/4/2016	Inscription à la course faite
2	8/4/2016	Plan d'entraînement établi
3	15/4/2016	
4	22/4/2016	

---

6. Planifiez vos actions à mener sur votre agenda et/ou votre gestionnaire de tâches.

J'entre toutes mes tâches, mes projets, mes événements et mes engagements dans un logiciel de gestion des tâches appelé Nozbe. J'en parlerai plus en détail au chapitre 8 (page 167). Pour l'instant, notez simplement qu'une fois que vous aurez créé votre *to do list*, vous les planifierez dans votre agenda et/ou votre logiciel de gestion des tâches.

L'important, ici, est de concrétiser les actions de votre liste en les planifiant. Quand une tâche atterrit dans un agenda, elle doit être traitée comme un engagement ferme et inébranlable.

Quand vous aurez vraiment libéré votre emploi du temps et planifié chaque action à mener au moment le plus opportun, vos chances de succès augmenteront considérablement. Vous commencerez à voir les progrès dont j'ai parlé. Et le travail deviendra alors un vrai plaisir !

7. Suivez vos progrès chaque semaine et chaque trimestre.

 Nous verrons plus en détail comment suivre l'ensemble de vos tâches, projets et objectifs au chapitre 9 (page 189). En attendant, voici un aperçu de ce qu'il faut surveiller.

 À la fin de chaque semaine et de chaque trimestre, faites le point sur vos avancées dans vos objectifs et mettez à jour votre rapport de suivi. Puis, à partir de ce que vous avez accompli et du temps qui vous sépare de la fin du trimestre, choisissez les actions à mener pour chaque objectif dans la semaine qui suit. Si vous avez un superviseur, un coach ou un ami avec qui vous pouvez parler de vos objectifs, c'est aussi le moment de faire le point avec lui sur vos progrès.

 J'affiche également mes objectifs hebdomadaires sur mon tableau de visualisation (page 221) chez moi dans mon bureau. C'est un rappel visuel de ce à quoi je travaille. Cette technique m'aide à garder le cap chaque semaine. Le support papier vient bel et bien renforcer le support numérique.

On efface tout et on recommence

À la fin de chaque trimestre, vous pourrez faire le bilan complet de vos progrès, rédiger des notes sur ce qui s'est bien et mal passé, puis recommencer de zéro le trimestre suivant.

Dans l'idéal, vous aurez atteint les grands objectifs que vous vous étiez fixés et vous pourrez entamer le trimestre suivant avec les nouveaux grands objectifs les plus urgents dans votre vie. Ce processus se renouvelle tous les 90 jours et fait des merveilles.

J'ai eu du mal à croire à l'efficacité de cette méthode tant que je ne l'ai pas essayée. Vider son agenda est un acte stimulant en soi. Et si vous n'ajoutez ensuite que les objectifs qui comptent et que vous suivez activement vos progrès vers ces objectifs, les résultats sont vraiment remarquables. Les progrès seront bluffants. Faites-moi confiance.

› HARO SUR LE BOUTON DODO

Pièges, erreurs et problèmes à éviter

Ne vous noyez pas dans vos engagements.

Il est facile de s'attribuer le mérite de ses succès. Face à un échec, c'est une tout autre histoire. Il n'est pas facile de se pointer du doigt en cas d'erreur, d'échéance manquée ou d'incapacité à finir ce que l'on a commencé.

Le plus étonnant est qu'il est quasiment impossible de faire admettre à quiconque qu'il est débordé à cause de ses propres choix. Nous aimons bien jouer les victimes et penser qu'il est normal, prévisible ou, pire, inévitable d'être débordé.

La réalité est tout autre. Si vous êtes débordé, c'est parce que vous avez trop d'engagements. Vous avez rempli votre emploi du temps, vous avez dit oui à trop de projets et vous avez refusé de décliner toutes les invitations alléchantes à des apéritifs, barbecues et autres mariages qui s'éternisent jusqu'au bout de la nuit.

Si vous voulez changer les choses, libérez votre agenda et évitez de vous submerger de travail, puis dites-le. Déclinez la prochaine invitation ou la prochaine réunion de travail inutile. Dites non à la prochaine soirée ou sortie qui vous fera veiller tard. Dites non à tout ce qui ne correspond pas à l'utilisation optimale que vous pouvez avoir de votre temps.

Je ne vous encourage pas à démissionner ni à éviter vos amis et votre famille, encore moins à en faire le moins possible. Mais vous aurez besoin de ces espaces créatifs pour réaliser les avancées qui vous éviterons de crouler sous vos engagements.

Soyez prêt à lâcher prise et à dire non. Faites de la place dans votre agenda et ne le remplissez que de tâches, de projets et d'objectifs essentiels à la réalisation de ce qui compte vraiment le plus dans votre vie.

Bilan express : votre planning trimestriel

1. Selon la loi de Parkinson, nous passons plus de temps que nécessaire à certaines activités quand nous avons du temps.

2. Les bonnes résolutions de la nouvelle année et les plans à 25 ans sont incertains et inefficaces. Ils ne se déroulent jamais comme prévu.
3. Un planning trimestriel peut vous aider à vous concentrer sur vos grands objectifs, qui sont les projets qui auront le plus gros impact sur votre vie aujourd'hui et dans un avenir lointain.
4. Vous pouvez dès maintenant créer un planning trimestriel papier avec un carnet, un emploi du temps et des Post-it, ou un planning numérique avec Evernote, un agenda dans le Cloud et un gestionnaire de tâches.

Plan d'action

1. Reprenez la liste de vos grands objectifs du chapitre 4 et choisissez-en deux ou trois sur lesquels vous concentrer pendant ce trimestre (ou le suivant s'il approche). Ce seront vos nouveaux objectifs trimestriels.

   1) ....

   2) ....

   3) ....

2. Videz votre agenda et votre gestionnaire de toute tâche et de tout projet qui ne coïncident pas directement à vos nouveaux objectifs trimestriels. Votre agenda sera libéré le ...... *(date)*.

Votre gestionnaire de tâches sera libéré le ...... *(date)*.

3. Analysez chaque objectif trimestriel et découpez-le en mini-étapes dans votre logiciel de prise de notes préféré (Evernote, OneNote, etc.).

Objectif trimestriel n° 1

....

....

Premières mini-étapes :

....

....

Objectif trimestriel n° 2

....

....

Premières mini-étapes :

....

....

Objectif trimestriel n° 3

....

....

Premières mini-étapes :

....

....

Chapitre 6

Le pouvoir des habitudes

Des rituels quotidiens stimulants pour le corps et pour l'esprit

Les chaînes de l'habitude sont trop faibles pour être senties, jusqu'à ce qu'elles soient trop fortes pour être brisées.

Samuel Johnson, écrivain anglais

Enfant, j'étais un obsessionnel. Il fallait toujours que je sois le premier en tout, je refusais que différents aliments se touchent dans mon assiette et mon sommeil était réglé comme une horloge.

Je me souviens d'un soir quand j'avais neuf ans. Ce jour-là – c'était un vendredi –, nous étions allés assister en famille à un match de football américain. C'était l'un de ces derbys épiques qui opposaient deux équipes de lycéens et qu'aucun d'entre nous, pour rien au monde, n'aurait ratés.

En fin de deuxième période, le score était serré, la tension à son comble. Dans les gradins, la foule était debout. Je criais aussi fort que tout le monde, encourageant, huant et tapant des pieds. En fin de match, ma mère tourna les yeux vers moi et assista à un phénomène plutôt remarquable : je dormais debout.

Au milieu de du vacarme, je m'étais endormi debout sur mes deux jambes à 21 h pile, alors que quelques secondes plus tôt j'étais parfaitement évcillé.

À cette époque de ma vie, mon rythme de sommeil était parfaitement structuré. J'étais réglé comme une horloge. Je m'endormais chaque soir à 21 h et je sautais de mon lit à 6 h du matin. Vous auriez tout à fait pu régler vos montres sur mon rythme quotidien.

Ces habitudes étaient impressionnantes, mais elles n'ont pas tenu pendant mon adolescence et il a fallu que je reprenne tout de zéro. Pourtant, malgré les nombreuses différences entre ma vie de l'époque et celle d'aujourd'hui, j'ai sans aucun doute conservé la même capacité qu'alors.

Ce qui a changé, c'est que j'ai dû volontairement construire des habitudes et me concentrer sur ce que signifie d'en forger de nouvelles qui soient tout à la fois efficaces, saines et productives. Et surtout, j'ai compris aujourd'hui que chaque action quotidienne répétée peut devenir une habitude aussi tenace qu'une sangsue.

Habitudes et planning trimestriel

Vos actions quotidiennes parlent pour vous. Qu'elles soient bonnes, mauvaises ou épouvantables, ce sont vos habitudes – ces actions que vous répétez systématiquement et dont il est difficile de vous défaire –, qui vous ont conduit là où vous êtes. Pour savoir où vous serez d'ici quelques années, il vous suffit de regarder vos habitudes les plus tenaces – les actions qui ont le plus d'impact et que vous avez répétées davantage que n'importe quelle autre.

Les habitudes sont la colonne vertébrale de votre personnalité, de vos relations, de votre santé, de vos finances et de votre carrière. Quels que soient vos intentions et vos objectifs, elles façonnent la vie que vous menez. Autrement dit, la seule chose qui vous sépare de votre meilleur moi, ce sont de meilleures habitudes.

La clé pour forger de meilleures habitudes est *la constance consciente.* Elle consiste à choisir délibérément des actions à répéter sans cesse plutôt que de laisser de mauvaises habitudes malencontreusement s'installer. Nous avons chaque jour beaucoup plus de pouvoir et de contrôle sur nos vies que nous ne le pensons, mais seulement *si* nous y portons attention.

Comme nous l'avons vu au chapitre précédent, le planning trimestriel repose sur une vision de l'avenir à court terme. Mais au fil du temps, les trimestres deviennent un an, deux ans, cinq ans et plus. Les habitudes que vous reproduisez chaque trimestre vont déterminer votre réussite dans les suivants (et dans les années à venir).

Tout l'intérêt du planning trimestriel est de provoquer l'action, et de la provoquer plus vite. Si vous avez des objectifs qui comptent pour vous et que vous ressentez l'urgence de les atteindre, il sera beaucoup plus facile de sauter de votre lit tous les matins et de respecter les habitudes les plus vitales.

Après tout, si des actes quotidiens répétés déterminent vos habitudes et que vos habitudes déterminent votre avenir, alors vos actes quotidiens sont le maillon le plus important entre vous et la concrétisation de vos grands objectifs.

Et maintenant, tout ce qu'il vous faut, ce sont quelques actions quotidiennes bien pensées à répéter encore et encore pour sécuriser vos habitudes les plus tenaces, les plus saines et les plus productives.

Étape 3 : habitudes ancrées et habitudes corollaires

Au cours de la première étape de la feuille de route, vous avez établi une liste complète de vos grands objectifs. Puis, dans la deuxième étape, vous vous êtes concentré sur quelques objectifs vitaux grâce à votre nouveau planning trimestriel.

Pour atteindre vos grands objectifs, il vous faudra plus que de la concentration et quelques séances d'entraînement au marathon. Au bout du compte, ce sont les actions quotidiennes qui font la différence.

La troisième étape de la feuille de route consiste donc à instaurer des habitudes, en particulier des habitudes bien ancrées, et les habitudes corollaires qui en résultent.

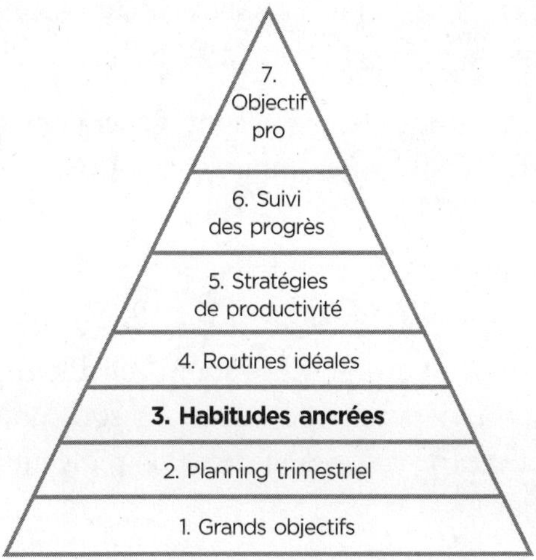

Ancrez solidement vos habitudes, et vous serez largement récompensé pour vos actes. Il suffit pour cela d'instaurer le bon rappel (ou déclencheur) qui conduit directement à l'habitude elle-même. Le meilleur rappel possible est un rappel déjà en place qui n'exige de vous aucun changement.

Les habitudes ancrées sont déjà en place. Ce sont des gestes que vous faites déjà. L'avantage est qu'elles en entraînent naturellement d'autres, que je qualifie de corollaires. Par exemple, une habitude ancrée pourrait être d'utiliser du fil dentaire (si tant est que vous le fassiez régulièrement). Elle débouche naturellement sur l'habitude corollaire qui consiste à se brosser les dents (puisque vous êtes sur place, au bon moment, avec le matériel nécessaire).

Les habitudes ancrées sont généralement déjà installées, mais vous pouvez aussi en créer de nouvelles, modifier les anciennes ou éliminer celles qui ne vous conviennent pas.

Il y a trois habitudes ancrées clés indispensables à notre feuille de route. Elles sont probablement déjà dans votre vie sous une forme ou sous une autre. Sinon, c'est l'occasion pour vous de réinventer votre journée.

La première habitude ancrée indispensable consiste à se lever avec un programme. Comme nous l'avons déjà dit, l'heure du lever dépend de chacun. Mais l'intention derrière le réveil ne l'est pas. Quand vous vous réveillez avec un programme, vous glissez facilement dans la réalisation de vos activités matinales idéales. Ce sont vos habitudes corollaires.

En d'autres termes, une activité bien choisie (l'habitude ancrée) entraîne de nombreuses autres activités bien choisies (les habitudes corollaires) qui ne surviendraient peut-être pas sans la première.

Par exemple, vous vous levez à la dernière minute, vous courez dans toute la maison, puis vous partez travailler sans avoir de programme écrit. Après avoir mis en place la feuille de route, vous vous réveillez plus tôt et vous programmez efficacement votre matin autour de solides habitudes. Dans votre vie d'avant, vous n'aviez jamais de temps pour la méditation, la lecture ou le sport. Grâce à votre nouvelle habitude ancrée, vous en avez maintenant pour des habitudes qui vous manquaient.

La deuxième habitude ancrée indispensable est le sport. Certaines personnes s'entraînent religieusement. D'autres se plaignent de dépenser des fortunes dans une salle de sport où ils ne mettent jamais les pieds. Je ne suis pas aussi constant que j'aimerais l'être, mais l'exercice physique est l'une de mes priorités et c'est l'un des ingrédients essentiels de la feuille de route. C'est un outil fondamental, à la fois pour la santé et pour la productivité.

Le sport est une habitude ancrée qui s'accompagne d'habitudes corollaires saines. Je sais que quand je vais courir le matin, j'ai aussi tendance à faire du yoga, à me suspendre la tête en bas à mes attaches pour chevilles (c'est formidable), à prendre un petit déjeuner sain et à me doucher avant d'aller travailler. Outre ses nombreux bienfaits sur la santé directement liés à la formc physique, le sport augmente vos chances de prendre soin de vous, de manger mieux et d'avoir une meilleure hygiène de vie.

La troisième habitude ancrée indispensable porte sur le début de votre journée de travail. Le simple fait de sortir de chez soi et d'aller au bureau est effectivement un ingrédient essentiel. Voyons pourquoi c'est une stratégie efficace, même si cela semble évident.

Quand vous partez au travail, que faites-vous ? Vous allez travailler, je suppose. À l'inverse, que faites-vous quand vous restez à la maison ? Tout sauf travailler.

Si le démarrage de votre journée de travail est une habitude ancrée, toutes sortes d'habitudes corollaires en découlent naturellement : répondre à des mails, assister à des réunions, terminer un gros projet, etc. Si vous retardez votre arrivée au bureau, vous retardez – ou vous renoncez à – toutes les habitudes corollaires essentielles qui en auraient découlé.

Le secret est de penser à l'événement déclencheur, la charnière qui ouvre la grande porte, ou toute autre métaphore qui illustre comment une action clé conduit à la réalisation de multiples autres actions essentielles. Suivre chaque jour quelques habitudes ancrées clés a un profond impact sur toutes les autres tâches prêtes à être accomplies.

Si vous vous en voulez de négliger quelque chose d'important, instaurer la bonne habitude ancrée peut suffire à y remédier.

Les habitudes des grands patrons

Maintenant que nous avons examiné les trois habitudes ancrées indispensables (se réveiller avec un programme, faire du sport et aller travailler), parlons de quelques-unes des habitudes les plus saines et les plus productives largement mises en place par les grands patrons et les lève-tôt. Nous aborderons en détail les stratégies de productivité au chapitre 8 (page 163). En attendant, voici les habitudes qui sont les fondements d'une journée hautement productive.

Pour mon podcast, j'ai interviewé des dizaines d'individus brillants et je les ai tous fait parler de leurs habitudes quotidiennes les plus efficaces. Certaines habitudes sont revenues à maintes reprises au cours de presque toutes les conversations. Les grands patrons ne perdent pas beaucoup de temps.

S'ils donnent la priorité à une habitude, c'est qu'elle garantit un formidable retour sur investissement.

Cette liste est loin d'être complète, mais il s'agit du nec plus ultra. Quand vous avez des doutes, revenez aux fondamentaux et consultez-la aussi souvent que possible.

1. Sautez du lit tôt, frais et dispos

Vous l'avez compris : les gens brillants sont des lève-tôt et les lève-tôt sont des gens brillants. Si je le répète, c'est pour montrer à quel point se réveiller tôt est répandu chez les personnes qui accomplissent beaucoup de choses. Tous ceux qui réussissent ne se lèvent pas à 5 h du matin, mais beaucoup oui. C'est une habitude décisive.

2. Hydratez-vous comme si vous viviez dans le désert

Depuis des années, je suis fidèlement cette routine : je me lève tôt et je bois un litre d'eau au réveil, comme beaucoup de modèles de productivité. Après plusieurs heures de sommeil, votre organisme risque d'être déshydraté. Il y a quelques années, j'ai pris l'habitude de boire 1 litre d'eau avant d'avaler mon café. Pour moi, le café du matin, c'est sacré. Savoir que j'avais ma récompense après avoir bu mon litre d'eau n'a fait qu'accélérer la mise en place de cette habitude.

3. Les moments de calme sont essentiels

Il ne fait aucun doute que beaucoup, si ce n'est la plupart, des grands productifs intègrent une forme de méditation et/ou de prière dans leur routine matinale. Ces pratiques sont certes différentes, mais elles ont en commun d'être calmes et de focaliser la pensée sur quelque chose de positif et de stimulant. C'est le but et ça fait des merveilles.

4. Prenez un petit déjeuner fruité

Tous les matins, je bois 2 litres de smoothie vert (aux fruits et aux légumes verts) C'est ainsi depuis quelques années et je ne peux pas imaginer meilleur moyen de démarrer la journée. Une nutrition de qualité en début de routine matinale est essentielle à la réussite. Un petit déjeuner sain apporte à l'esprit et au corps les nutriments nécessaires pour bien se porter.

Mon alimentation fait partie intégrante de ma stratégie de réussite. Quand j'avais environ vingt-cinq ans, j'ai changé radicalement de régime alimentaire. Je suis passé d'une alimentation à partir de produits animaux transformés et cuits à une alimentation végétarienne crue et pauvre en graisses.

Je sais que ce régime ne convient pas à tout le monde, mais il est un élément fondamental de ma métamorphose. Comme je l'ai dit, un grand smoothie vert est un ingrédient essentiel de ma routine matinale. Manger de grandes quantités de produits frais, mûrs, crus et bio change la vie : plus d'énergie, meilleure digestion, perte de poids et une bien meilleure forme. Privilégier la consommation d'aliments tels qu'ils sont fabriqués par la nature est meilleur pour la santé que n'importe quelle habitude que je peux imaginer.

5. Nourrissez-vous d'informations stimulantes et instructives

Tout le monde s'accorde sur ce point. Nul ne peut réussir sans intégrer une forme de développement personnel dans sa journée, que ce soit l'écoute de livres audio et de podcasts pendant une course matinale ou la lecture de livres, de blogs et de textes en sirotant son café du matin. Une information de qualité est absolument essentielle à une vie productive. Pendant ce que j'appelle mon Atelier Matinal, je feuillette des documents à la recherche d'information concrète pour ma journée – et je trouve toujours.

6. Activez la circulation

L'exercice matinal, même s'il ne dure que 10 minutes, est une habitude que rien ne peut remplacer. Certains grands patrons sont plutôt excessifs, mais pour la plupart, ils cherchent l'efficacité. Le fractionné (ou entraînement fractionné de haute intensité) est une excellente méthode pour qui a peu de temps, mais recherche l'excellence. Il alterne des phases de haute intensité et de courtes phases de récupération. Après la course à pied, c'est mon sport préféré.

7. Programmez votre journée

S'il y avait une habitude productive que je recommanderais par-dessus toutes les autres, ce serait celle-ci. Programmer sa journée est le meilleur moyen de tirer profit de son temps. Vous pouvez ainsi, malgré les distractions attendues, prendre les commandes de votre journée dès le petit matin et augmenter considérablement vos chances de réussite.

Vision d'ensemble et actions quotidiennes

Et maintenant, repensez à vos grands objectifs de ce trimestre et déterminez quelles habitudes quotidiennes cadreraient le mieux dans votre routine quotidienne. Dans l'idéal, vous aurez des habitudes saines (sport, méditation, etc.) et des habitudes productives (de celles qui conduisent directement à la réalisation de votre objectif).

Par exemple, si votre objectif est d'acheter une nouvelle maison, vous pourriez consulter les petites annonces tous les matins. Si vous postulez pour une université, vous pourriez remplir un dossier de candidature par jour. Quel que soit votre objectif, découpez-le en habitudes clés. Elles feront toute la différence à long terme.

Nous mettrons au point votre routine du matin idéale au chapitre suivant. Ce sera l'occasion pour vous de planifier et d'instaurer à la fois des habitudes ancrées et les habitudes corollaires qui en résultent et qui font toute la différence dans votre vie et dans vos grands objectifs.

› HARO SUR LE BOUTON DODO

Pièges, erreurs et problèmes à éviter

Respectez vos limites.

Face à un trop grand nombre d'options, nous avons tendance à vouloir tout faire – ouvrir chaque porte, poursuivre chaque piste et saisir toutes les opportunités qui se présentent.

Hélas, les journées ne comptent que 24 heures et, malgré toutes ces habitudes formidables, saines et productives, ni vous ni moi ne pouvons tout faire.

D'où la nécessité d'instaurer des limites temporelles. En plus de la limite des 20 h que je respecte tous les soirs, je m'en fixe d'autres au quotidien. Par exemple, quand j'établis ma liste des tâches chaque matin, je définis des limites pour toutes les activités qui le justifient.

C'est généralement le cas des événements, des réunions et des engagements impliquant d'autres personnes. Je définis également des limites de temps autour de ma routine matinale, de mon sport quotidien et de mes repas. Quand c'est nécessaire, je m'impose un délai strict.

Sans ces contraintes, je courrais probablement après tous les lièvres et je suivrais toutes les pistes qui se présentent. Les limites nous structurent, elles nous aident à rester concentrés sur les objectifs qui nécessitent notre attention et à reporter tout le reste à un autre jour - ou à jamais.

Bilan express : habitudes ancrées et habitudes corollaires

1. Faites sciemment le choix d'instaurer des habitudes positives au lieu de laisser les mauvaises habitudes s'insinuer accidentellement dans votre vie.
2. Au bout du compte, la réussite (ou l'absence de réussite) de vos grands objectifs dépend de ce que vous faites chaque jour.
3. Les habitudes ancrées sont vos actions présentes. Elles conduisent naturellement aux habitudes corollaires.
4. Les trois grandes habitudes ancrées quotidiennes sont : se lever avec un programme, faire du sport et aller travailler.
5. Pour un maximum de réussite, les habitudes les plus saines et les plus productives sont, entre autres : se lever tôt, boire beaucoup d'eau, privilégier les moments de calme, absorber un petit déjeuner sain, consommer de l'information positive, faire du sport et planifier sa journée.

Plan d'action

1. Dans votre vie personnelle et professionnelle, quelles habitudes non saines ou non productives avez-vous prises avec le temps que vous aimeriez remplacer par des habitudes saines et productives ?

 1) ....

 ....

 2) ....

 ....

 3) ....

 ....

2. Maintenant, faites le lien entre votre vision d'ensemble et vos actions quotidiennes. Dressez la liste de vos habitudes quotidiennes déterminantes pour atteindre vos grands objectifs actuels.

 Grand objectif actuel n° 1:

 ....

 ....

 Habitudes qui y conduisent directement :

 1) ....

 ....

 2) ....

 ....

Chapitre 7

Les routines idéales

Comment programmer, exécuter et répéter la meilleure journée de votre vie

La routine, chez un homme intelligent, est un signe d'ambition.

W.H. Auden, poète

Certains souvenirs s'effacent avec le temps. D'autres sont tellement forts qu'en vous les remémorant, vous ressentez les émotions aussi intensément que le jour où les événements se sont produits. Au moment où j'écris ces lignes, je sens comme si c'était hier l'eau glaciale dont mon père m'aspergeait le visage pour me ramener à la réalité.

Quand j'étais au lycée, c'est ainsi que je me réveillais presque tous les jours. J'avais un réveil, mais j'avais pris l'habitude d'actionner le bouton Dodo et de me rendormir tellement vite que je ne me souvenais même pas d'avoir entendu la sonnerie. Mon père utilisait toutes sortes de stratagèmes pour me réveiller. Le seul qui résonne encore en moi est cette eau glaciale. C'est efficace pour sauter de son lit, mais ce n'est pas précisément la méthode idéale.

Après avoir été tiré du lit, je faisais un rapide saut à la salle de bains, j'enfilais quelques vêtements froissés et j'avalais un bol de céréales en me précipitant vers la porte avant de rouler bien au-dessus de la vitesse autorisée pour arriver à l'heure à mon premier cours. Comme si l'école n'était pas assez stressante, il fallait que j'ajoute une dose supplémentaire de folie dans ma vie en rejouant chaque matin un exercice d'évacuation en cas d'alerte ouragan.

Des années plus tard, j'ai réalisé que mes matins pouvaient être différents. Ils pouvaient être une occasion de commencer la journée avec un objectif. Depuis, mes précieuses heures au lever du soleil obéissent à un scénario vraiment idéal. En peu de temps, j'ai découvert comment façonner au mieux mes matinées, mes soirées et même mes semaines.

Étape 4 : vos routines idéales

Jusqu'ici, la feuille de route vous a permis de cerner vos grands objectifs, d'en réduire la liste pour vous concentrer sur quelques objectifs au cours du trimestre actuel et d'identifier les habitudes ancrées et corollaires qui vous rapprocheront de vos objectifs. Vous allez maintenant programmer les habitudes que vous avez choisies en concevant vos routines idéales du matin et du soir, ainsi que votre semaine idéale.

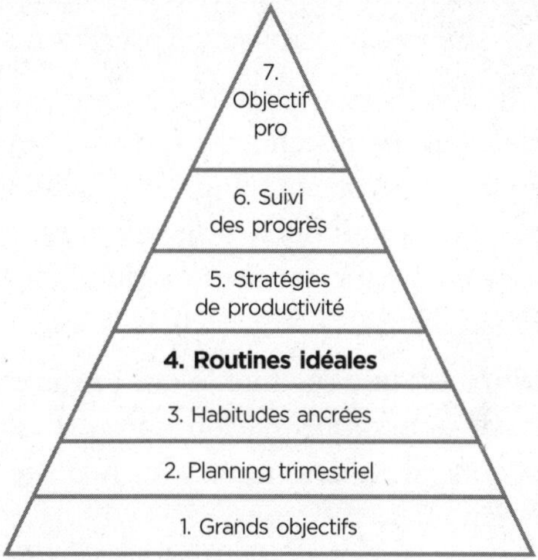

Habitudes, rituels et routines

Avant de plonger en détail dans votre programme idéal, mettons au clair la différence entre trois concepts couramment confondus dans ce type de discussion : habitudes, rituels et routines.

Comme nous l'avons vu au chapitre précédent, une habitude est une action automatisée et répétée. Le secret des grandes habitudes, qu'elles soient bonnes ou mauvaises, est qu'elles sont difficiles à abandonner. Elles peuvent être forgées délibérément, mais elles ne sont pas nécessairement intentionnelles au moment où elles sont effectuées. Les grandes habitudes sont au cœur d'une routine matinale optimisée. Avec le temps, vous voulez que vos actions charnières se déroulent sans avoir à y prêter attention.

Plus vous devez réfléchir à ce que vous faites, plus vous risquez de perdre du temps entre deux activités et même de vous convaincre d'abandonner vos habitudes. Les automatismes sont la clé d'une grande fluidité matinale.

Un rituel est une cérémonie qui consiste en une série d'actions pratiquées selon un ordre prédéterminé, comme dans une messe, un mariage ou un enterrement.

En général, les rituels répondent aux critères suivants :

1. Ils ont une connotation religieuse.
2. L'ordre des actions est cohérent et immuable.
3. Les actes ont un sens et un motif profonds.

Enfin, une routine est une séquence d'actions répétée régulièrement, un programme fixe, par exemple un plan d'entraînement en place depuis des années, un itinéraire que l'on emprunte tous les jours pour rentrer chez soi ou un type de vêtements que l'on achète chaque année.

En général, les routines répondent aux critères suivants :

1. Elles n'ont pas de connotation religieuse.
2. L'ordre des actions *peut* changer.
3. Il y a généralement peu d'émotion ou de sens derrière les actions, et les activités peuvent n'avoir ni intérêt ni lien entre elles.

Dans ce livre, j'assimile vos activités matinales à une routine. Je n'y vois aucune connotation religieuse, leur ordre peut changer, et l'émotion et le sens que vous y mettez dépendent de vous.

Si vous craignez que vos habitudes deviennent trop ennuyeuses ou sans intérêt, ne vous inquiétez pas. Vous pouvez toujours tout effacer et repartir de zéro. Je le fais plusieurs fois par an quand ma vie et mes priorités évoluent. La diversité est un élément essentiel. Vous pouvez en mettre dans chacun de vos matins ou simplement changer de routine quand vous commencez à vous lasser.

Créez votre semaine idéale

Pour pouvoir aborder en détail votre matin idéal, vous devez d'abord avoir une vue d'ensemble de votre semaine idéale. J'ai découvert le concept de semaine idéale auprès de Michael Hyatt, expert en productivité. Il repose sur l'idée qu'une semaine peut se dérouler presque sans accroc du début à la fin.

Ce concept peut sembler tiré par les cheveux, mais c'est ce qui fait sa valeur. Votre semaine idéale est le modèle à partir duquel vous façonnerez votre vie. Si vous planifiez votre semaine idéale, en y incluant les grands événements, vos rendez-vous réguliers et vos habitudes, vous pouvez (du moins en théorie) la répéter à l'infini.

Ce concept repose sur le principe que vos semaines se ressemblent. Si ce n'est pas votre cas, je proposerai une autre approche pour les emplois du temps irréguliers plus loin dans ce chapitre.

La clé de ce processus est l'anticipation. Quand vous prenez l'initiative de réfléchir à ce que pourrait être votre vie, vous avez plus de chances de vous conformer à ce modèle. Si vous savez que vous avez planifié des limites précises, des habitudes saines et des rendez-vous productifs tout au long de la semaine, vous aurez plus de chances d'atteindre ces objectifs.

Nous allons maintenant mettre au point votre semaine idéale. C'est l'occasion d'imaginer à quoi pourrait ressembler votre vie. Là encore, voyez cette semaine idéale comme une représentation réaliste de ce que vous feriez normalement, mais ajoutez-y une touche d'ambition.

1. Définissez un schéma

Vous trouverez à la page suivante un exemple de tableau de la semaine idéale basé sur le modèle disponible dans The 5 AM Studio (http://jeffsanders.com/studio). Il est fait pour être adapté, modifié et personnalisé selon votre propre emploi du temps.

2. Choisissez un modèle

Il existe deux modèles de semaine idéale : un modèle constant et un modèle irrégulier. Le premier correspond à un emploi du temps identique d'une semaine sur l'autre, et le second à un emploi du temps très variable d'une semaine sur l'autre.

Si votre emploi du temps est assez constant, vous pouvez utiliser le schéma ci-dessous. S'il est irrégulier, vous avez plusieurs options. La première consiste à créer une semaine idéale à partir de grands créneaux d'activité sur lesquels vous pouvez raisonnablement vous appuyer (dormir, travailler, etc.). Il ressemblera au modèle constant, en beaucoup moins détaillé.

La deuxième solution est d'utiliser une liste plutôt qu'un graphique ou un tableau. Elle vous permet de suivre simplement l'ordre des événements qui se produisent généralement, sans qu'aucun créneau leur soit associé. Ce modèle exige beaucoup plus de souplesse et de spontanéité, mais permet d'en faire beaucoup chaque jour.

<table>
<tr><th colspan="8">SEMAINE IDÉALE</th></tr>
<tr><th>Heure/Date</th><th>Lun.</th><th>Mar.</th><th>Mer.</th><th>Jeu.</th><th>Ven.</th><th>Sam.</th><th>Dim.</th></tr>
<tr><td>5h-5h30</td><td rowspan="8">Routine du matin idéale</td><td rowspan="8">Routine du matin idéale</td><td rowspan="8">Routine du matin idéale</td><td rowspan="8">Routine du matin idéale</td><td rowspan="8">Routine du matin idéale</td><td rowspan="4">Sommeil</td><td rowspan="4">Sommeil</td></tr>
<tr><td>5h30-6h</td></tr>
<tr><td>6h-6h30</td></tr>
<tr><td>6h30-7h</td></tr>
<tr><td>7h-7h30</td><td rowspan="6">Routine du week-end</td><td rowspan="6">Routine du week-end</td></tr>
<tr><td>7h30-8h</td></tr>
<tr><td>8h-8h30</td></tr>
<tr><td>8h30-9h</td></tr>
<tr><td>9h-9h30</td><td rowspan="6">Projets prioritaires</td><td rowspan="6">Projets prioritaires</td><td rowspan="6">Projets prioritaires</td><td rowspan="6">Projets prioritaires</td><td rowspan="6">Projets prioritaires</td></tr>
<tr><td>9h30-10h</td></tr>
<tr><td>10h-10h30</td><td rowspan="22"></td><td rowspan="10"></td></tr>
<tr><td>10h30-11h</td></tr>
<tr><td>11h-11h30</td></tr>
<tr><td>11h30-12h</td></tr>
<tr><td>12h-12h30</td><td rowspan="2">Déjeuner</td><td rowspan="2">Déjeuner</td><td rowspan="2">Déjeuner</td><td rowspan="2">Déjeuner</td><td rowspan="2">Déjeuner</td></tr>
<tr><td>12h30-13h</td></tr>
<tr><td>13h-13h30</td><td rowspan="8">Projets</td><td rowspan="8">Projets</td><td rowspan="8">Projets</td><td rowspan="8">Projets</td><td rowspan="8">Projets</td></tr>
<tr><td>13h30-14h</td></tr>
<tr><td>14h-14h30</td></tr>
<tr><td>14h30-15h</td></tr>
<tr><td>15h-15h30</td><td rowspan="4">Bilan hebdomadaire</td></tr>
<tr><td>15h30-16h</td></tr>
<tr><td>16h-16h30</td></tr>
<tr><td>16h30-17h</td></tr>
<tr><td>17h-17h30</td><td rowspan="8">Routine du soir idéale</td><td rowspan="8">Routine du soir idéale</td><td rowspan="8">Routine du soir idéale</td><td rowspan="8">Routine du soir idéale</td><td rowspan="8">Sortie</td><td rowspan="8">Routine du soir idéale</td></tr>
<tr><td>17h30-18h</td></tr>
<tr><td>18h-18h30</td></tr>
<tr><td>18h30-19h</td></tr>
<tr><td>19h-19h30</td></tr>
<tr><td>19h30-20h</td></tr>
<tr><td>20h-20h30</td></tr>
<tr><td>20h30-21h</td></tr>
<tr><td>21h-21h30</td><td>Sommeil</td><td>Sommeil</td><td>Sommeil</td><td>Sommeil</td><td>Sommeil</td><td>Sommeil</td><td>Sommeil</td></tr>
</table>

La troisième solution est de transformer votre emploi du temps irrégulier en un emploi du temps constant. C'est plus ou moins difficile selon votre métier et vos obligations, mais c'est peut-être la meilleure solution pour apporter de la constance là où il n'y en a jamais eu jusque-là.

Intégrez des limites artificielles pour vous tenir à un emploi du temps plus strict. Vous pouvez par exemple fixer des heures de début et de fin pour les activités qui n'étaient jusque-là pas structurées. Vous pouvez aussi programmer des réunions pour renforcer le sentiment d'urgence autour de votre travail. Tous les moyens sont bons pour rendre votre agenda prévisible d'une semaine sur l'autre.

3. D'abord les « grosses pierres »

Comme Stephen Covey l'a souligné dans *Les 7 habitudes de ceux qui réalisent tout ce qu'ils entreprennent*, un emploi du temps vierge se remplit d'abord avec de « grosses pierres » (événements, projets et tâches non négociables assortis de délais précis). Ce sont, entre autres, le travail et les rendez-vous rituels (par exemple, aller à messe ou vos leçons de piano hebdomadaires) que vous n'avez pas l'intention de négliger.

4. Puis comblez les vides avec des « petites pierres »

Une fois les grosses pierres mises en place, disposez les petites pierres (priorités secondaires qui n'ont généralement pas de créneau propre). Ce sont, entre autres, le sport, les courses et autres activités importantes auxquelles vous tenez.

À ce stade, votre emploi du temps doit être rempli. Tout espace vide doit soit être affecté à une activité, soit offrir une certaine marge de manœuvre. Prévoir de un peu de souplesse est une excellente stratégie. La vie ne se déroule pas toujours comme prévu, même pendant une semaine idéale.

5. Faites le point toutes les semaines

Nous verrons la question du bilan hebdomadaire en détail au chapitre 9 (page 194). En attendant, prévoyez de faire le point sur votre schéma de semaine idéal au moins une fois par semaine. Ce sera l'occasion d'opérer les nécessaires ajustements qui vous permettront de garder le cap.

Votre semaine idéale détermine vos actions quotidiennes

Les horaires de votre modèle de semaine idéale détermineront vos routines du matin et du soir. Si, par exemple, vous partez au travail à 8 h 30 et que vous prévoyez de vous lever à 6 h 30, vous avez 2 heures pour mettre au point votre routine du matin.

Sachez que le temps que vous avez prévu pour vos routines quotidiennes vous permettra de décider pour quelles habitudes vous avez ou non du temps.

Les quatre types de routines matinales

Longtemps, j'ai fonctionné avec une bonne routine du matin que j'adaptais au rythme de l'évolution de mon emploi du temps. Le plus souvent, ça marchait bien, mais j'ai vite réalisé que ce système était loin d'être idéal. J'ai donc ressorti ma planche à dessin et j'ai réfléchi à ce qui clochait dans mon approche.

J'ai découvert qu'une seule et même routine ne fait pas l'affaire – elle n'est pas assez souple.

Il en faut plus d'une pour toutes les variantes de votre emploi du temps : les jours de travail, les week-ends, les vacances, les jours avec des rendez-vous matinaux, les jours où vous avez envie d'improviser, et toutes les autres folies passagères qui font irruption dans la vie sans prévenir.

Une routine ne tient pas compte d'un emploi du temps variable ou des changements de dernière minute. Pendant des années, sur mon podcast, j'ai préconisé d'en avoir deux – une pour les jours de travail (où vous devez être au bureau à une heure précise) et une pour le week-end (quand votre emploi du temps est plus souple). Le problème est que les journées de travail se suivent, mais ne se ressemblent pas. Chaque jour est différent.

Il est fréquent de ne pas être obligé d'être au bureau à la même heure du lundi au vendredi. Même dans le cas contraire, l'emploi du temps avant et après le travail change sans cesse. Le monde est fluctuant. Nous avons donc autant besoin d'un emploi du temps fluctuant qui évolue avec nous que de structure pour tenir le tout afin que la vie ne soit pas juste un empilement insensé de choix impulsifs.

J'ai résolu ce dilemme en créant quatre variations autour d'une routine du matin idéale. Chacune varie selon le temps disponible et la teneur du reste de la journée. Il vous en faudra peut-être plus de quatre, selon le nombre des variations prévisibles de vos engagements. Je vous recommande de créer une routine matinale pour chaque type de journée qui revient régulièrement.

J'ai découvert que le mieux est de décider la veille, pendant la routine du soir, de la routine du matin la plus adaptée pour le lendemain. Vous ne voulez pas devoir décider au réveil du déroulement de votre matinée. Décidez à l'avance, puis suivez les étapes que vous avez définies.

1. Le tourbillon

C'est une routine hyperdynamique conçue pour les jours où vous avez de la chance si vous trouvez le temps de vous brosser les dents. Dans ma version du tourbillon, je fais uniquement le strict minimum :

je sors de mon lit et je quitte la maison le plus vite possible, ce qui, dans le meilleur des cas, dure moins d'une heure. Utilisez-la avec modération. Vous ne voulez pas prendre l'habitude de raccourcir votre routine matinale. Vous vous sentiriez inutilement stressé et vous perdriez vos habitudes clés.

2. L'immuable

C'est la routine la plus courante et c'est sans doute celle que vous suivrez le plus souvent avant d'aller travailler. Ma version dure deux à trois heures. Juste ce qu'il faut pour mes habitudes préférées, notamment quelques minutes de lecture, un court entraînement sportif et mon smoothie vert favori.

3. La balade

C'est une formidable routine pour le week-end (ou une journée sans travail), quand vous avez tout le loisir de vous livrer à toutes vos habitudes préférées. Vous pouvez prendre le temps de faire du sport, de méditer, de lire, de faire une longue balade, de rédiger votre journal ou de faire tout ce que vous n'avez pas pu faire ces derniers temps. Ma promenade à moi dure de trois à cinq heures. C'est normalement le moment que je choisis pour faire mes longs entraînements de course ou de consacrer une heure ou deux à mon dernier livre.

4. Le sur-mesure

Il peut arriver que votre emploi du temps ne corresponde à rien de ce que je viens de décrire. Imaginez un matin où votre routine habituelle est perturbée par un aller-retour à l'aéroport, la rentrée scolaire de vos enfants ou une visite chez le dentiste avant d'aller au bureau. Ces matins-là, créez une routine sur mesure pour être sûr d'être prêt à faire face à ce que la vie vous réserve.

Composez votre routine du matin idéale

Nous y voilà ! Maintenant que vous connaissez ces quatre variantes, il est temps de suivre les sept étapes de conception de votre routine du matin idéale et de réaliser votre miracle.

1. Munissez-vous de votre carnet, de votre agenda ou de votre gestionnaire de tâches préféré

Dans sa forme la plus sommaire, une routine quotidienne n'est rien de plus qu'une liste d'activités. Chaque matin, en avançant dans cette liste, vous cocherez chacune des activités à mesure que vous les ferez. Quand je conçois mes routines matinales, je commence toujours par une liste sur Evernote. Je la peaufine, puis je la transfère sur mon agenda et mon gestionnaire de tâches.

Peu importe la méthode que vous utiliserez. Veillez simplement à pouvoir facilement la faire évoluer et la mettre à jour quand c'est nécessaire.

2. Créez votre routine du soir idéale

Les meilleures routines du matin débutent la veille. Chaque soir, listez les activités que vous souhaitez pratiquer le lendemain. Traditionnellement, la routine du soir est beaucoup plus souple que la routine du matin, car les emplois du temps ont tendance à évoluer à mesure que la journée avance. Il n'en est que plus important de structurer votre routine du soir en instaurant des limites fermes pour que votre système soit durable à long terme.

Le soir, faute de limites fermes, il est probable que vous resterez debout plus longtemps que vous n'en avez l'intention, d'où un manque de sommeil ou des pannes de réveil. Dans les deux cas, votre routine matinale partira dès le début avec un handicap.

Voici quelques règles clés pour de meilleures routines du soir. Essayez de les appliquer.

1. Instaurez une heure limite à laquelle vous cesserez le travail et vous préparerez à vous coucher.
2. Faites le point sur vos tâches dans votre agenda et votre gestionnaire de tâches.
3. Rangez, notamment, tous les documents relatifs au travail, mais aussi vos affaires personnelles dans la maison (cette étape fait partie du proces-

sus Stabilité Zéro, dont nous parlerons dans le prochain chapitre, page 176).

4. Régler un (ou plusieurs) réveil(s). Personnellement, j'utilise plusieurs réveils pour être sûr de me lever.
5. Éteignez tous les écrans lumineux (ordinateurs, téléphones, tablettes, etc.) environ 1 heure avant de dormir.
6. Lisez ou écoutez une fiction pour permettre à votre esprit de plonger dans un état de détente.
7. Créez un environnement de sommeil idéal pour vous endormir plus vite et plus facilement (température plus basse, lumière tamisée, literie confortable, etc.).

3. Alignez votre routine du matin sur vos grands objectifs

Au chapitre précédent, nous avons parlé d'aligner vos actions et vos habitudes quotidiennes sur vos grands objectifs. Le meilleur moment de la journée pour le faire est probablement votre routine du matin. Quand vous concevez votre routine du matin idéale, veillez à privilégier les habitudes qui participent à la réalisation de vos grands objectifs.

C'est la clé de tout le dispositif. Vous pouvez très bien vous réveiller tôt et choisir au hasard des habitudes qui vous font du bien. Mais si vous gardez à l'esprit vos grands objectifs à long terme, vous pouvez aussi programmer des actions spécifiques que vous avez définies à l'avance et qui vous rapprocheront directement de vos objectifs trimestriels. C'est le principe de la feuille de route.

Par exemple, vous pourriez prévoir une visite à la piscine en début de matinée si vous vous entraînez pour un triathlon, ou passer une heure à apprendre le portugais pour votre prochain voyage au Brésil. Pendant la rédaction de ce livre, j'ai programmé des créneaux pour écrire dans ma routine matinale. J'ai aligné mes activités des premières heures de la journée sur mon objectif principal.

Des habitudes intentionnelles, saines et productives alignées sur vos grands objectifs et prises systématiquement aux premières heures du jour – quelle parfaite illustration du pilotage de votre journée avant le petit déjeuner !

4. Dopez votre énergie

L'objectif numéro un de ma routine du matin est de booster mon énergie pour la journée. J'ai de nombreuses stratégies pour parvenir à cet objectif, notamment boire un litre d'eau et un double expresso, faire du sport et avaler un grand smoothie vert au petit déjeuner.

Cette insistance à doper mon énergie a fait plus pour ma productivité que n'importe quelle autre stratégie. Qui dit plus d'énergie dit plus de productivité. Et qui dit plus de productivité dit plus d'objectifs atteints.

5. Calquez votre routine sur celle des grands patrons

Comme nous l'avons vu au chapitre précédent, certaines habitudes saines et productives sont communes à ceux qui réussissent. Voici deux routines du matin, dont la mienne, sur lesquelles vous pourriez calquer la vôtre.

Exemple n° 1: Dean Karnazes, ultramarathonien mondialement connu

1. Lever à 3 h 30.
2. Marathon.
3. Petit déjeuner avec les enfants.
4. Conduite des enfants à l'école.

Sans rire. Un jour idéal, Dean se lève et part courir un marathon. Je ne vois pas meilleur moyen de piloter sa journée avant le petit déjeuner.

Exemple n° 2: moi, un mec plutôt normal

1. Réveil à 5 h.
2. Prendre mes vitamines.
3. Enfiler ma tenue de sport.
4. Commencer à boire 1 litre d'eau.
5. Nourrir et sortir mon chien Benny.
6. Ouvrir les volets dans la maison pour faire rentrer le soleil.

7. Passer en revue mon emploi du temps du jour dans mon gestionnaire de tâches.
8. Vérifier les comptes bancaires, Boîte de réception Zéro (page 177) et consultation des statistiques du site Internet.
9. Méditer 10 minutes.
10. Boire un double expresso.
11. Lire 20 minutes.
12. Me préparer un grand smoothie vert.
13. Créneau de 30 à 60 minutes : écrire, faire du sport, etc.
14. Me doucher.
15. M'habiller.
16. Commencer à travailler sur le grand projet du jour (vers 9 h).

Vous aurez remarqué la longueur et la précision de cette liste. Je vous recommande d'établir une liste encore plus longue et détaillée pour commencer. Avec le temps, vous pourrez la simplifier pour obtenir des résultats encore meilleurs.

En plus, ma liste n'obéit à aucune contrainte de temps. C'est une liste d'activités que j'effectue dans l'ordre. Mais comme je travaille pour moi, mon emploi du temps est souple. Si vos horaires sont stricts, instaurez une durée pour chacune.

Voici à quoi pourrait ressembler le début de ma routine du matin :

- 5 h 00 Réveil à 5 h.
- 5 h 02 Prendre mes vitamines.
- 5 h 03 Enfiler ma tenue de sport.
- 5 h 05 Commencer à boire 1 litre d'eau.

6. Notez tout

C'est le moment de définir votre routine. Vous avez l'information, les exemples et les règles dont vous avez besoin. À vous de réaliser votre miracle matinal.

7. Dressez la liste

Maintenant que vous avez terminé votre routine, testez-la. Pour savoir si vous avez besoin d'opérer le moindre changement, posez-vous les sept questions suivantes :

1. Ai-je assez bien réfléchi à ma routine matinale ?
2. Ma routine est-elle facilement accessible et l'ai-je écrite sur papier ou au format numérique ?
3. Ma routine est-elle ambitieuse, mais réaliste, sans toutefois être tenue à la perfection ?
4. Ai-je intégré une marge pour les imprévus ?
5. Ma routine prévoit-elle du temps pour les habitudes, les projets ou les tâches qui sont alignés sur mes grandes priorités et mes grands objectifs ?

6. Ai-je organisé ma routine de manière à prévenir mes erreurs habituelles (comme rater l'entraînement sportif en fin de journée) ?
7. Ma routine fait-elle de l'énergie l'un des premiers objectifs pour que le reste de la journée soit productif et fantastique ?

› HARO SUR LE BOUTON DODO

Pièges, erreurs et problèmes à éviter

Vivez votre réalité.

Un emploi du temps idéal est à double tranchant. D'un côté, vous pouvez programmer les événements, les habitudes et les projets qui vous font progresser vers vos objectifs. De l'autre, vous avez en face de vous une norme d'excellence que vous n'atteindrez peut-être jamais. La barre peut sembler trop haute et la peur d'échouer peut vous paralyser et vous plonger dans l'inaction.

Le but est de concevoir un programme idéal qui cadre avec votre réalité. Dans l'idéal, il représentera votre «moi» authentique, avec toutes vos forces, tous vos travers et toute votre spontanéité. Votre meilleur programme sera celui qui va à la fois vous inciter à faire mieux et dire avec précision ce que vous savez que vous ferez de toute façon.

Par exemple, je ne prévoirai jamais de me réveiller systématiquement avant 5 h du matin. Je sais par expérience que je ne me lèverai pas. Je sais aussi que j'ai besoin de beaucoup plus de temps que la plupart des gens pour me préparer le matin, surtout en raison des nombreuses habitudes saines et productives auxquelles je tiens. Ma routine matinale me prend en moyenne plus de trois heures. Je ne suis pas près de mettre au point une version de 20 minutes.

Vivez votre réalité. Créez un emploi du temps qui fait sens pour vous, qui est adapté à l'étape actuelle de votre vie et qui vous incite à exploiter au mieux votre temps.

Bilan express : composez votre routine du matin idéale

1. Votre semaine idéale servira de cadre au meilleur de vos scénarios. Prenez le temps dont vous avez besoin pour créer, mettre à jour et optimiser régulièrement ce modèle.
2. Alignez les habitudes de votre routine du matin sur vos grands objectifs du moment. C'est précisément ce que j'appelle piloter sa journée avant le petit déjeuner.
3. Structurez votre routine matinale avec force détails au début. Vous pourrez toujours l'assouplir ultérieurement quand elle deviendra une seconde nature.
4. Même si vous pouvez avoir besoin de plus de souplesse pour votre routine du soir, concevez-la avec autant de détail que votre routine du matin. C'est la garantie de garder le cap chaque soir.
5. Vous êtes-vous posé les sept questions (page 158) concernant votre routine idéale du matin.

Plan d'action

1. Créez un modèle de semaine idéale. L'exemple à télécharger dans The 5 AM Studio (http://jeff-sanders.com/studio) est conçu pour être adapté, modifié et personnalisé selon votre emploi du temps.

   Commencez par des créneaux pour vos « grosses pierres » (horaires de travail, rendez-vous réguliers, etc.), puis complétez avec des « petites pierres » (routine du matin, routine du soir, pauses déjeuner, etc.).

2. Commencez votre routine du matin idéale avec un programme rigide et très structuré. Notez l'heure exacte de votre réveil et énumérez l'une après l'autre chaque activité que vous prévoyez de faire avant d'entamer votre journée de travail. Plus vous ajouterez de détails, mieux ce sera.

Ma routine du matin idéale :

Heure : .... Activité : ....

Heure : .... Activité : ....

Heure : .... Activité : ....

Heure : .... Activité : ....

Heure : .... Activité : ....

Heure : .... Activité : ....

Heure : .... Activité : ....

Heure : .... Activité : ....

3. Revisitez votre routine du soir et assurez-vous qu'elle est en accord avec votre matin idéal et votre semaine idéale. Elle sera plus souple, mais elle doit être conçue avec autant de détails.

Ma routine du soir idéale:

Heure: .... Activité: ....
Heure: .... Activité: ....
Heure: .... Activité: ....
Heure: .... Activité: ....
Heure: .... Activité: ....
Heure: .... Activité: ....
Heure: .... Activité: ....
Heure: .... Activité: ....

Chapitre 8

Hyperproductivité

Les stratégies qui font toute la différence

Dans la confusion, trouvez la simplicité.
De la discorde, trouvez l'harmonie.
Au milieu de la difficulté se trouve l'opportunité.

Albert Einstein

La dernière ligne de cette citation, « Au centre de la difficulté se trouve l'opportunité », a fondamentalement changé ma manière d'aborder les problèmes. Pendant des années, j'ai les ai vus comme des soucis difficiles à résoudre plutôt que comme des occasions à saisir.

Les difficultés que vous rencontrez avec votre propre productivité ne sont pas des problèmes – ce sont des occasions non seulement d'en faire plus, mais aussi de faire ce qui compte le plus.

Ce chapitre met en lumière les trois grandes stratégies de productivité que j'ai identifiées, testées et optimisées ces dernières années. Après avoir été des problèmes tenaces dans ma vie, elles sont devenues des occasions d'atteindre mon potentiel productif.

Je vous encourage vivement à pousser chaque stratégie jusqu'à ses limites. Votre plus grande réussite dépendra de votre capacité à vous exploiter au maximum, vous et vos outils. Une stratégie mise en place timidement risque fort de produire des résultats décevants. Plonger la tête la première et s'immerger totalement est le meilleur moyen de repousser les limites de son propre potentiel et d'atteindre les résultats espérés.

Étape 5 : stratégies de productivité

Bienvenue dans la cinquième étape de la feuille de route, qui consiste à mettre en place les trois grandes stratégies de productivité : centralisation, concentration et stabilité zéro.

Au chapitre précédent, vous avez créé votre semaine, votre routine du matin et votre routine du soir idéales. Les stratégies présentées maintenant sont conçues pour s'aligner sur votre emploi du temps idéal et améliorer votre efficacité dans tous les domaines.

Toutes ces stratégies sont applicables, même si votre emploi du temps quotidien devient incohérent, irrégulier ou tout bonnement délirant. Vous utilisez probablement déjà ces stratégies sous une forme ou sous une autre, mais comme je l'ai mentionné, ce n'est qu'en exploitant tout leur potentiel que la magie pourra opérer.

Allons-y !

Stratégie n° 1 : centralisation

Même la personne la mieux organisée du monde aurait du mal à gérer des dizaines de méthodes, d'outils de prise de notes, d'agendas et de Post-it dans une même journée. Pour un maximum de productivité, mieux vaut centraliser toute votre vie dans un minimum de dispositifs.

Voici trois techniques de centralisation, et leurs outils correspondants, qui devraient améliorer votre productivité et la faire passer à la vitesse supérieure.

Centralisez vos tâches, vos projets et vos sorties

De tous les outils que j'utilise, mon gestionnaire de tâches est mon préféré. Un gestionnaire de tâches est un Post-it idéal. C'est un outil singulier pour organiser toutes les tâches, tous les projets et toutes vos listes personnelles et professionnelles. Certains font également office d'agenda, d'outil de communication et d'assistant personnel. Le mien est indéniablement l'outil le plus important de mon arsenal productif.

Que vous le sachiez ou non, vous utilisez diverses formes de gestionnaires de tâches depuis des années. Quand vous établissez des listes des choses à faire, quand vous notez un rendez-vous dans un agenda ou quand vous classez vos objectifs de la journée par priorité, vous faites de la gestion de tâches.

J'espère que vous n'êtes pas tombé dans le piège d'avoir une dizaine de méthodes de gestion de vos tâches quotidiennes. C'était mon cas. Je griffonnais une liste de courses sur un carnet que je trouvais dans la cuisine, je concevais un nouveau plan d'entraînement au marathon dans un document Word et je programmais un rendez-vous sur mon agenda Outlook au bureau.

Après avoir lu *S'organiser pour réussir* de David Allen et adopté sa méthode, j'ai centralisé toutes mes tâches, mes projets, mes sorties, mes listes et mes rendez-vous dans Nozbe, un logiciel de gestion des tâches. J'ai beau utiliser et aimer Nozbe, il en existe beaucoup d'autres (comme Wunderlist, OmniFocus et Reminders d'Apple) et vos besoins en organisation sont probablement différents des miens.

Le secret est de trouver un système pour centraliser toute votre vie en toute confiance, des tâches personnelles aux projets professionnels. Vous verrez à quel point il devient facile d'organiser sa vie quand tout est regroupé.

Centralisez vos documents, fichiers et dossiers

Quand j'ai décroché mon diplôme en 2007, j'ai acheté un grand meuble de rangement en bois, pensant qu'il me servirait des années. En un an, j'étais passé à une vie sans papier et j'avais vidé le meuble.

L'une des décisions les plus intelligentes que j'ai prises à cette époque fut de centraliser mes documents, mes fichiers et mes dossiers numériques en un même lieu. Depuis, j'ai changé d'endroit, mais le système est resté intact et m'a beaucoup servi.

Si, actuellement, vous ne rassemblez pas tous (je dis bien tous) vos documents, fichiers, PDF, scans, reçus et autres papiers importants en un même lieu, votre vie va changer quand vous le ferez. Avoir accès à tout en un même lieu vous donne le contrôle et vous débarrasse d'une immense quantité de documents puisque vous pouvez supprimer les doublons et les dossiers obsolètes et regrouper les dossiers similaires.

Les logiciels de stockage les plus populaires sont Dropbox, Google Drive et Microsoft OneDrive. Personnellement, j'utilise Google Drive. À vous de trouver celui qui correspond le mieux à vos besoins. Je note également que grâce à leurs excellentes techniques de recherche, ces logiciels sont les nouveaux systèmes de rangement. On peut y entreposer d'immenses quantités d'informations et il est facile de retrouver exactement ce que l'on cherche au moment où on le cherche. Ces logiciels sont également d'excellentes solutions de sauvegarde de vos données importantes.

Je recommande d'optimiser votre style de vie sans papier en centralisant tous vos fichiers et documents numériques en un même lieu. D'où l'importance d'un système bien conçu. Prenez votre temps et organisez vos documents aussi efficacement que vous organisez votre journée.

Centralisez vos articles, notes et idées

Il est essentiel d'enregistrer en permanence les pensées et les idées les plus brillantes qui vous traversent l'esprit si vous voulez vous en souvenir. Il y a très, très longtemps, nous stockions nos idées dans des journaux papier classés dans des meubles de rangement et nous découpions les articles marquants pour les coller dans des classeurs. Heureusement, cette époque primitive est révolue. Désormais, quelques secondes suffisent pour avoir accès à toutes les informations de valeur.

Reste à savoir si vous tirez profit de votre capacité à organiser efficacement les informations les plus précieuses de votre vie. Vous pouvez utiliser les logiciels de stockage dont nous venons de parler pour classer des documents importants. Mais il existe d'autres moyens qui peuvent fonctionner encore mieux pour vous.

Chaque jour, je crée, je stocke et j'accède à mes idées, mes notes et des articles intéressants dans Evernote. Il existe toujours plusieurs logiciels pour une même technologie. Dans le cas présent, je citerai Microsoft OneNote, Simplenote et Google Drive.

J'utilise Evernote pour gérer mes grands objectifs et mon planning trimestriel, pour stocker des idées pour mon blog et mon podcast, mais aussi, parmi des milliers d'autres choses, pour garder une trace de mes réussites et des grands moments de ma vie.

Evernote est une ardoise blanche. Vous pouvez y stocker à peu près tout ce que vous voulez. Le secret est qu'un même système gère toutes les informations importantes de votre vie, et qu'il vous autorise à ajouter facilement de nouvelles données, à les conserver intelligemment et de manière permanente, et à y accéder rapidement.

Ce type de pouvoir vous permet d'améliorer considérablement votre productivité du jour au lendemain.

Il est également courant d'avoir une idée brillante et de ne pas savoir où la noter. En plus d'Evernote, de mon téléphone et même d'un carnet papier près de mon lit en cas d'inspiration nocturne, j'utilise un bloc-notes étanche sous la douche. Aussi fou que cela paraisse, AquaNotes fonctionne vraiment bien. Je ne passe pas beaucoup de temps sous la douche, mais je veux être sûr de pouvoir capter toutes les idées sans avoir à me fier à ma mémoire.

Après avoir noté mes idées sur papier (carnet, Post-it, AquaNotes, etc.), je les transfère sur mon outil numérique préféré (Evernote, gestionnaire de tâches, agenda, etc.). J'alimente ainsi mon système sans papier et je réduis les risques d'oublier ou de perdre une idée initialement notée sur une source non numérique.

Papier -> numérique
Evernote
Gestionnaire tâche
Agenda.
Google Drive
ONE DRIVE

Concentrer sur données.

Stratégie n° 2 : concentrez-vous comme si votre vie en dépendait

Centraliser ses données est le meilleur moyen de regrouper ses ressources et d'avoir facilement accès aux documents les plus importants. L'étape suivante du processus qui vous permettra de réaliser des progrès tangibles en direction de vos objectifs exige une grande capacité de concentration sur votre travail, en faisant abstraction de tout le reste.

Comment faire pour que vous concentrer sur vos priorités devienne une composante essentielle de votre routine productive ? Il existe trois méthodes : programmer des créneaux ciblés, s'isoler des distractions, et travailler sur une seule tâche à la fois.

Programmez des créneaux ciblés où vous ne serez pas interrompu

Si vous ne retenez qu'une seule stratégie de ce livre, j'espère que ce sera celle qui consiste à planifier votre journée. La deuxième serait de programmer, pour travailler à vos grands objectifs, des créneaux ciblés où vous ne serez pas interrompu.

Un créneau ciblé n'est autre qu'un temps prédéterminé où vous pouvez vous consacrer à une tâche importante sans être distrait. C'est une stratégie efficace et puissante qui vous évite d'être interrompu, crée les conditions d'un travail de grande qualité et donne à votre cerveau la chance de se plonger dans une pensée créative profonde.

La recette des créneaux ciblés est de bâtir autour d'eux de solides limites infranchissables. C'est là qu'échouent la plupart des gens, et ce n'est que la première étape du processus. Votre mission consiste à programmer des heures de début et de fin, puis à veiller sur elles comme sur votre bien le plus précieux. Pensez-y quand vous prévoyez une réunion importante et non négociable avec vous-même. Si une requête surgit qui empiète sur votre créneau, déclinez poliment l'invitation, car vous ne pouvez pas renégocier votre engagement.

Votre semaine idéale est le meilleur endroit pour commencer à trouver les meilleurs horaires pour ces créneaux. Revoyez la semaine idéale que vous avez créée au chapitre précédent et déterminez quand programmer des créneaux de 90 minutes pour vous consacrer à vos grands objectifs. Cette durée n'est qu'une suggestion, mais c'est généralement suffisant pour se plonger profondément dans un projet et faire des progrès significatifs.

Si votre journée de travail normale est pleine de distractions, vous serez surpris par la quantité de travail de grande qualité que vous pourrez accomplir en peu de temps si vous êtes totalement concentré.

Tenez-vous à l'écart des sources de distractions

Le boom technologique de ces dernières années a créé un environnement de communication ininterrompue. Entre les bips et les sonneries des appareils mobiles, la flexibilité du travail d'indépendant et les exigences du 24 heures sur 24, 7 jours sur 7, il n'a jamais été aussi difficile de se fixer des limites de temps. Étant toujours connectés, nous sommes censés être disponibles à tout moment. Pendant vos créneaux ciblés, ce postulat va devoir être mis entre parenthèses.

Au lieu d'être disponible pour les autres, vous allez vous couper de tout ce qui n'est pas votre priorité. Le meilleur moyen d'y parvenir est de s'extraire complètement des environnements propices à la distraction.

Isolez-vous. Soyez seul. Courez vous cacher. Trouvez un endroit qui offre uniquement les ressources dont vous avez besoin, et rien d'autre. Le mien est la bibliothèque. Je ne travaille jamais mieux que quand j'emporte mon ordinateur portable, mes écouteurs et de quoi manger au dernier étage du bâtiment. Je me trouve un petit coin et je me cache derrière une étagère haute.

Je vais jusqu'à éteindre mon téléphone, ma messagerie et tous les outils technologiques inutiles. J'adore les réseaux sociaux, comme tout le monde.

Il m'arrive souvent de vérifier mon téléphone et des sites Internet ici et là tout au long de la journée à la recherche d'une distraction alors que je devrais être concentré sur mon travail.

Pour m'empêcher de me disperser, j'ai installé un logiciel qui bloque l'accès aux sites Internet sur mon ordinateur. C'est précisément ainsi que naissent les bonnes habitudes : avoir un rappel solide (connexion Internet bloquée), reprendre son habitude (avancer dans son travail), puis jouir de la récompense (le travail accompli !).

En cas de doute, faites tout ce que vous pouvez pour garder le cap. Vous pouvez même aller jusqu'à vous interdire l'accès à Facebook.

Une fois dans ma bulle, je n'existe plus pour personne. Impossible de me trouver ou de me contacter. C'est magique. C'est l'endroit sur terre où j'abats le plus de travail de grande qualité. Dans le métier que je fais, c'est idéal. Votre travail peut nécessiter un scénario différent. À vous de le créer. Déconnectez-vous du monde et concentrez-vous sur le travail qui demande toute votre énergie, votre concentration et votre attention.

Une tâche à la fois

La troisième technique qui peut avoir un impact déterminant sur votre capacité à vous concentrer consiste simplement à choisir une seule et unique tâche sur laquelle travailler. Là encore, c'est peut-être évident, mais repensez au précédent scénario. Non content d'éteindre tous vos appareils pour pouvoir vous concentrer sur quoi que ce soit, vous allez devoir vous concentrer sur une seule chose.

Essayer de travailler sur plusieurs tâches en même temps est une bataille perdue d'avance. Votre cerveau fonctionne mieux quand il peut employer toutes ses ressources à une seule fin. Le multitâche est un mythe. Il entrave sérieusement votre capacité à vous plonger profondément dans un projet et à avoir une pensée créative.

Travailler sur une seule tâche est une vraie difficulté, mais le plus difficile est souvent de choisir par où commencer. Il y a tellement de priorités qui exigent votre attention qu'il faut déjà de la concentration pour décider de la meilleure chose à faire. Dans un livre formidable intitulé *Passez à l'essentiel !*, Gary Keller et Jay Papasan posent LA question la plus pertinente que j'aie jamais entendue. « Quelle est *la* chose que je peux faire pour rendre tout le reste plus facile, voire superflu ? »

Cette question bouscule les règles du jeu, surtout quand vous êtes en plein milieu d'une phase de travail intense et que vous avez besoin de vous concentrer uniquement sur ce qui fera toute la différence. Elle va bien au-delà du choix du travail à faire pendant un créneau ciblé. Mais commencez par là. La réponse vous aidera à prendre la meilleure décision et à aller rapidement de l'avant.

L'autre bon moyen de savoir si une décision est potentiellement meilleure qu'une autre vient d'une technique tirée d'un formidable livre intitulé *Essentialism*. Greg McKeown, son auteur, propose un principe que vous pouvez appliquer à n'importe quelle situation : « Si ce n'est pas clairement oui, c'est clairement non. »

La prochaine fois que vous vous demanderez si vous devez ou non faire quelque chose, assurez-vous que la réponse est indéniablement oui. Sinon, continuez de chercher. Vous finirez par trouver.

Stratégie n° 3 : Stabilité Zéro

Après avoir passé la journée à concentrer vos efforts sur vos grands objectifs, il est temps de conclure et de cesser le travail.

J'ai créé un concept appelé Stabilité Zéro. Il regroupe toutes les stratégies qui m'ont permis de conclure chaque journée le plus simplement possible. Stabilité Zéro englobe quatre composantes : Boîte de réception Zéro, Gestion de projet Zéro, Bureau Zéro et Rangement Zéro.

Ces concepts sont là pour que vous terminiez chaque journée en ayant clairement conscience de ce que vous avez accompli et avec une base solide sur laquelle vous appuyer le lendemain.

La stabilité est un « état de repos et d'équilibre dû à l'action égale des forces opposées ». Le but, à la fin de chaque journée, est de trouver un état optimal d'équilibre et de paix pour vous permettre de vous reposer et de démarrer le lendemain à l'endroit précis où vous le voulez.

Boîte de réception Zéro

Votre boîte de réception de mails n'est pas votre *to do list* – ça, c'est le rôle de votre gestionnaire de tâches. Vous devriez vider totalement votre boîte de réception au moins une fois par jour. Il n'est pas question qu'il reste 10 mails déjà lus mais auxquels vous n'avez pas encore répondu. Il doit rester zéro mail parce que vous aurez déjà traité tous les messages qui vous sont parvenus dans les dernières 24 heures.

Si votre boîte de réception déborde, c'est l'occasion de la vider pour de bon en utilisant un concept appelé Boîte de réception Zéro et créé par l'expert en productivité Merlin Mann. Premièrement, programmez un créneau ciblé (ou plus si nécessaire) pour vider complètement votre boîte de réception. Deuxièmement, programmez un moment chaque jour pour traiter tous les messages.

Comment traiter les mails

1. Effacez ou classez tous les spams, publicités et messages qui n'appellent pas de réponse.
2. Répondez aux messages qui exigent une réponse assez rapide, puis effacez-les ou classez-les.
3. Si un message nécessite un gros effort ou des recherches ou si c'est une tâche à part entière, répondez à l'expéditeur que vous lui fournirez une réponse complète ultérieurement. Puis programmez cette tâche dans votre gestionnaire de tâches et classez le mail dans un fichier séparé à l'extérieur de votre boîte de réception.
4. Répétez les étapes 1 à 3 jusqu'à ce que votre boîte de réception soit vide.

Comment éviter l'accumulation de mails

1. Désabonnez-vous de toutes les newsletters inutiles.
2. Communiquez avec votre équipe et informez-la que la Boîte de réception Zéro est pour vous une priorité. Mieux vaut que tout le monde adhère à cette politique. C'est un premier pas vers la diminution des mails inutiles.
3. Programmez un moment chaque jour pour traiter les mails et arriver une fois par jour à la Boîte de réception Zéro.

4. Programmez des créneaux ciblés pour traiter les mails en retard si vous en avez.

Si vous recevez trop de mails, songez à restructurer votre emploi du temps pour y faire face, voire à embaucher un assistant pour filtrer ou traiter les mails pour vous.

Communiquer vite et efficacement est essentiel pour une meilleure productivité. Si vous adhérez à la Boîte de réception Zéro, vous constaterez une formidable accélération du rythme auquel vous réaliserez vos tâches et vos projets, sans parler du respect que vous inspirerez à vos interlocuteurs.

Gestion de projet Zéro

Rien ne me déplaît plus que d'aller me coucher en pensant à un travail inachevé. Pour m'épargner cela, je ne programme chaque jour que les tâches de priorité absolue et je m'assure que je peux raisonnablement les terminer avant la fin de la journée.

Le concept de Gestion de projet Zéro n'est autre que votre engagement à terminer une tâche ou un projet avant de passer au suivant. J'ai déjà dit qu'il vaut mieux travailler sur une tâche à la fois et ne pas essayer d'être multitâche. Avec la Gestion de projet Zéro, vous allez vous concentrer sur un aspect d'un projet à la fois et ne pas essayer de jongler avec trop de tâches à la fois.

Nous avons trop souvent tendance à nous laisser distraire ou à nous enflammer pour une mission qui se présente. Il est fréquent de commencer plusieurs choses à la fois, mais de ne rien finir. Fixez-vous comme priorité de terminer le travail en cours avant de passer à un autre. Utilisez votre gestionnaire de tâches ou votre système de prise de notes pour créer une liste de tous vos grands projets.

À la fin de la journée, cessez le travail en terminant la tâche en cours et en programmant la suivante à l'heure la plus adaptée.

Bureau Zéro

Votre bureau est comme votre boîte de réception. Il doit être vide à la fin de la journée. La différence entre la Boîte de réception Zéro et le Bureau Zéro est que sur votre bureau, quelques objets sont installés à demeure (ordinateur, clavier, souris, lampe, etc.).

Sur mon bureau se trouvent quelques beaux objets qui y restent, quels que soient les projets sur lesquels je travaille. Mais à la fin de chaque tâche, et en particulier à la fin de chaque journée, je fais place nette là où sont déposés les documents propres au projet en cours.

Grâce à cette pratique, mon bureau est propre et organisé 99 % du temps. Pendant le 1 % restant, il est encombré de documents que je range rapidement et efficacement avant de passer à la tâche suivante.

Adhérer au Bureau Zéro, c'est comme faire son lit. Son aspect est à la fois propre, rangé et agréable à regarder. Votre objectif est d'atteindre cet aspect 99 % du temps, ou au moins une fois par jour.

Rangement Zéro

À l'instar du Bureau Zéro, le Rangement Zéro est l'engagement à débarrasser votre maison et votre bureau des objets superflus à la fin de chaque journée. Que vous en soyez conscient ou non, chaque chose a un emplacement idéal qui lui est dédié. Le Rangement Zéro vous aide à identifier cet endroit précis pour chacun des objets que vous possédez ou que vous utilisez.

Au bureau, vous avez des dossiers, des fichiers, des fournitures et autres objets et documents qui, dans l'idéal, sont stockés dans un meuble, dans un classeur ou ailleurs. À la maison, vous avez des ustensiles de cuisine, des jouets d'enfants, des vêtements et autres objets ménagers qui ont tous un emplacement précis.

Le soir, l'idéal est d'aller se coucher en sachant que chaque chose est à sa place. Quand c'est le cas, votre environnement est incroyablement propre et organisé et vous permet de commencer vos projets dès le lendemain matin. C'est peut-être utopique, mais c'est possible et c'est magnifique à vivre au quotidien.

Récapitulons

Imaginez que vous commencez la journée (tôt, frais et dispos) en étant réveillé par votre gestionnaire de tâches (Nozbe), qui vous indique l'entraînement sportif et la méditation du jour (habitudes saines), ainsi que vos tâches prioritaires (dans le cadre de votre routine du matin idéale). Vous entamez votre premier créneau ciblé de la journée (travailler sur l'un des grands objectifs de ce trimestre) en ayant accès aux documents importants dont vous avez besoin dans votre logiciel de stockage (Google Drive).

Pendant votre créneau ciblé, vous enregistrez quelques idées nouvelles dans votre bloc-notes (Evernote). En fin de journée, vous terminez en répondant à tous vos mails (Boîte de réception Zéro), en achevant les tâches en cours (Gestion de projet Zéro), en faisant place nette sur votre bureau (Bureau Zéro), et en rangeant vos documents à la maison et au bureau (Rangement Zéro). Puis pour terminer, vous faites le point sur vos tâches du lendemain et vous passez quelques minutes à lire votre livre préféré (dans le cadre de votre routine du soir idéale).

Si vous combinez de grands objectifs clairement formulés, un planning trimestriel ciblé, des habitudes saines soigneusement adaptées, une semaine idéale, une routine du matin idéale, une routine du soir idéale et des stratégies de centralisation hautement efficaces, de créneaux ciblés et de Stabilité Zéro, comment pourriez-vous ne pas piloter votre journée ?

Attendez. Ce n'est pas fini !

Dans les deux prochains chapitres, nous verrons comment suivre vos progrès grâce à des bilans stratégiques, des réunions de supervision et des suivis quotidiens déterminants. Nous allons également introduire des stratégies de pointe pour optimiser la feuille de route dans son intégralité.

› HARO SUR LE BOUTON DODO

Pièges, erreurs et problèmes à éviter

Le mieux est l'ennemi du bien.

Je sais que je vous noie d'informations dans ce livre. Je vais donc poursuivre et vous laisser tranquille. Vous n'êtes pas obligé de tout mettre en œuvre.

Comme la plupart du temps, s'appuyer sur les fondamentaux est la seule stratégie indispensable. *Plus* n'est pas forcément la meilleure solution. Dans le monde de la productivité, il y a toujours plus de stratégies à mettre en place, plus d'idées à creuser, plus d'applications à télécharger, plus de conférences à écouter et plus de livres à acheter.

À la fin de ce livre, je vous soumettrai un plan d'action pour vous guider à travers le processus de mise en œuvre de chacune des idées que j'ai présentées dans ces chapitres. À vous de choisir quelles stratégies vous finirez par adopter. À mon avis, deux suffisent.

Bien sûr, ma vie repose sur ces principes, ces outils et ces stratégies, mais je n'en suis arrivé là qu'après des années d'expérimentation et d'ajustements. Je passe beaucoup de temps à peaufiner les minuscules détails pour tirer le meilleur profit de chaque journée, mais je reviens sans cesse aux quelques fondamentaux qui font toute la différence.

Le véritable but de ce livre est de vous aider à trouver vos fondamentaux et à vous y tenir. Ils seront vos phares quand la tempête se déchaînera et que les exigences de la vie viendront frapper à votre porte.

Au bout du compte, c'est la simplicité qui l'emporte.

Bilan express : les stratégies de productivité

1. Centraliser tous ses outils est le meilleur moyen d'embrasser toute votre vie d'un coup d'œil, de faire des ajustements et d'avancer avec efficacité.
2. Fonctionner par créneaux ciblés est la meilleure stratégie pour travailler mieux et plus vite.
3. Assurer la Stabilité Zéro dans tous les domaines de votre vie est le meilleur moyen de venir à bout de vos projets, de vos mails et de votre désordre, et de vous libérer ainsi l'espace et la tête.
4. Combinez toutes ces stratégies, et vous pourrez vraiment piloter votre journée.

Plan d'action

1. Centralisez au maximum vos objectifs, rendez-vous, projets et tâches.

   Votre gestionnaire de tâches (Nozbe, Wunderlist, OmniFocus, etc.) :

   ....

   À quel moment allez-vous y centraliser (ou ranger) vos tâches ?

   ....

   Votre agenda électronique (Apple Calendar, Outlook, Google Calendar, etc.) :

   ....

   À quel moment allez-vous y centraliser (ou ranger) vos rendez-vous ?

   ....

   Votre logiciel de stockage (Dropbox, Google Drive, OneDrive, etc.) :

   ....

   À quel moment allez-vous y centraliser (ou ranger) vos fichiers ?

   ....

   Votre logiciel de recherche et de prise de notes (Evernote, OneNote, Simplenote, etc.) :

   ....

À quel moment allez-vous y centraliser (ou ranger) vos notes ?

....

2. Quand êtes-vous le plus productif ? Programmez et préservez des créneaux ciblés pour vos principaux objectifs quotidiens.

Grand objectif n° 1:

....

Lieu et créneau ciblé quotidien/hebdomadaire où vous travaillez à cet objectif:

Grand objectif n° 2:

....

Lieu et créneau ciblé quotidien/hebdomadaire où vous travaillez à cet objectif:

Grand objectif n° 3:

....

Lieu et créneau ciblé quotidien/hebdomadaire où vous travaillez à cet objectif:

3. Atteignez la Stabilité Zéro une fois par jour (Boîte de réception Zéro, Gestion de projet Zéro, Bureau Zéro et Rangement Zéro). Créez une alerte quotidienne dans votre gestionnaire de tâches pour penser à arriver chaque jour à zéro dans chacun de ces domaines.

À quelle heure, tous les jours, allez-vous vider votre boîte de réception ?

....

À quelle heure, tous les jours, allez-vous atteindre votre objectif de zéro tâche inachevée ?

....

À quelle heure, tous les jours, allez-vous débarrasser votre bureau et ne conserver que le strict nécessaire ?

....

À quelle heure, tous les jours, allez-vous ranger votre maison et votre bureau et ne conserver que le strict nécessaire ?

....

Objectifs trimestriels
mensuels
semaine
jour

Chapitre 9

Le suivi des progrès

Comment surveiller, mesurer et gérer votre vie ambitieuse

Les gens malheureux ne sont pas maîtres de leur destin. Ils passent leurs journées à subir les revers aléatoires d'une absence de gestion de leur vie. Les gens heureux sont maîtres de leur destin. Ils passent leurs journées à récolter les fruits d'une gestion intentionnelle de leur vie.

Sam Carpenter, auteur de *Work the System*

Si je travaillais bien à l'école, je suis persuadé que c'était grâce au plan de cours que les professeurs distribuaient le jour de la rentrée scolaire. Ce document était magique. Il annonçait chaque devoir, chaque contrôle et chaque activité programmée pour tout le semestre.

L'un de mes professeurs d'université préférés, le Dr Jeffrey Vittengl, était un as du plan de cours. Le sien était plus lumineux et plus détaillé que tout ce que j'ai jamais vu et il était quasiment impossible de ne pas réussir, sauf à littéralement ne rien faire.

Ne vous méprenez pas. Son cours n'était pas facile – mais ses attentes étaient claires et limpides. Il n'y avait ni ambiguïté, ni confusion, ni contradiction. Il avait une vraie capacité à planifier la progression de son cours, et il faisait le point au fur et à mesure avec chacun de nous.

Avec un plan aussi clair et des points de repère permettant à chaque étudiant de garder le cap, la réussite était garantie. Pourquoi ne pas appliquer ce scénario idéal chaque trimestre avec vos propres objectifs ?

Il suffit d'instaurer les bonnes procédures de bilan pour se responsabiliser et avancer dans la même direction.

Étape 6 : le suivi des progrès

La sixième étape de la feuille de route consiste à suivre vos progrès. Une fois que vous avez découvert comment piloter votre journée avant le petit déjeuner, reste à pouvoir répéter jour après jour ce processus sans perdre le cap.

Les bilans présentés dans ce chapitre sont là pour vous montrer comment surveiller, mesurer et conserver votre formidable productivité à long terme.

Un bilan quotidien, un bilan hebdomadaire, un bilan mensuel, un bilan semestriel et un bilan annuel sont indispensables pour mieux respecter les échéances de vos objectifs. Nous verrons comment les mettre en place et comment tenir les documents de suivi et trouver un superviseur pour surveiller vos progrès entre deux bilans.

Votre bilan quotidien

Vous avez plusieurs solutions pour suivre vos tâches et vos progrès quotidiens. Je vous recommande de conserver un gestionnaire de tâches et un agenda pour savoir quoi faire et quand le faire, mais aussi et surtout pour pouvoir regarder en arrière à la fin de chaque journée et voir ce qui a été fait.

En matière de suivi quotidien, le meilleur système est celui que vous emploierez vraiment. Je vous montrerai comment utiliser le document de suivi que j'ai adopté avec succès, mais vous êtes libre d'exploiter n'importe quelle application, tableur ou méthode efficace comme la Stratégie Seinfeld.

L'humoriste Jerry Seinfeld est aussi connu pour une méthode de renforcement des habitudes autour de l'écriture quotidienne de sketches[**]. Après sa séance quotidienne, il traçait une croix rouge sur son agenda. Son seul objectif était de tracer une croix chaque jour et de ne pas déroger à cette règle. La simple motivation à la respecter le poussait à recommencer jour après jour à écrire de nouveaux sketches.

Il n'empêche qu'elle est tellement puissante et efficace qu'elle doit être intégrée à votre arsenal de stratégies de productivité.

Voici, page ci-contre, un tableau que vous pourriez intituler « Suivi des habitudes et des rituels quotidiens ». C'est un rappel quotidien des habitudes clés de votre vie alignées sur vos grands objectifs.

**. J'ai personnellement utilisé et préconisé la Stratégie Seinfeld pendant des années. Mais en réalisant des recherches pour ce livre, j'ai découvert que Jerry Seinfeld n'avait pas créé cette méthode et ne l'avait même jamais vraiment employée lui-même. Il adore qu'on lui en attribue la paternité, mais personne ne sait vraiment d'où elle vient.

SUIVI DES HABITUDES ET DES RITUELS QUOTIDIENS										
Date semaine …………	L	M	M	J	V	S	D	Réalisé	Objectif	Bilan
Réveil à 5 h	1	1	1	1	1			5	5	0
Méditer 10 min	2	1		1		1	1	6	7	- 1
Boire 1 l d'eau	2		1	1		1		6	7	-1
Courir 3 km	1			1	1		1	4	5	-1
Lire 30 min	1	1	1	1		1	1	6	6	0
							Total	27	30	-3

Voici les étapes à respecter pour instaurer un suivi personnalisé de vos habitudes.

1. Notez la date de la semaine dans la case en haut à gauche du tableau. Je vous recommande de commencer un nouveau tableau chaque semaine et de suivre vos progrès trimestriels sur un même document.
2. Remplacez les habitudes de la colonne de gauche par vos propres habitudes quotidiennes. Soyez très précis. Notez que j'ai spécifié l'heure exacte du lever, la durée de la méditation et la quantité exacte d'eau à boire.
3. Dans la colonne « objectif », précisez combien de fois vous comptez répéter une habitude dans la

semaine. Chaque habitude peut avoir un objectif hebdomadaire différent. Ce nombre doit être ambitieux, mais réaliste.

4. Définissez une heure précise chaque jour pour mettre à jour votre suivi. La routine du soir idéale est souvent le meilleur moment.

En fin de semaine, votre bilan hebdomadaire sera l'occasion de faire le point sur vos progrès de la semaine et d'opérer des ajustements pour la semaine suivante.

Votre bilan hebdomadaire

Une fois que vous avez planifié votre journée et programmé des créneaux ciblés pour vos grands objectifs, la deuxième stratégie la plus efficace dont vous ne pouvez pas faire l'économie consiste à réaliser un bilan hebdomadaire.

Ce bilan hebdomadaire vous aide à voir beaucoup plus clairement votre emploi du temps, vos tâches en cours, les habitudes qui vous tiennent à cœur et les engagements que vous avez pris.

Un bilan hebdomadaire n'est pas compliqué et ne doit pas prendre beaucoup de temps. Comptez environ une heure ou deux par semaine. Mais les avantages sont stupéfiants.

Avant de mettre en place un bilan hebdomadaire formel, j'étais raisonnablement productif. La

BILAN HEBDOMADAIRE (DU 1ER AU 7 JANVIER 2016)	
Victoires et avancées	
1	
2	
3	
Échecs	
1	
2	
3	
Solutions	
1	
2	
3	

plupart du temps, je pensais savoir où j'en étais et je gardais assez bien le cap. Après avoir commencé à faire systématiquement le point sur mes tâches, projets, rendez-vous, objectifs et engagements, j'ai considérablement amélioré mon rendement et ma concentration.

Le bilan hebdomadaire vous oblige à vous poser des questions simples, mais directes, à programmer les tâches qui comptent le plus et à opérer les nécessaires ajustements pour continuer de progresser directement sur vos objectifs.

Libérez quelques heures de votre temps une fois par semaine pour réaliser les étapes suivantes. Peu importe le jour et l'heure, du moment que vous vous y tenez.

1. Faites le point sur votre modèle de semaine idéale (page 143). Assurez-vous qu'il correspond exactement à votre vie du moment.
2. Faites le point sur les habitudes citées dans votre suivi des rituels et des habitudes quotidiens. Ajoutez, supprimez ou modifiez des habitudes. Elles doivent être ambitieuses et alignées sur vos objectifs actuels.
3. Mettez à jour votre rapport de suivi dans votre carnet d'objectifs (comme nous l'avons vu au chapitre 5, page 112). Notez ce que vous avez accompli la semaine dernière et spécifiez clairement vos actions de la semaine prochaine pour chacun de vos grands objectifs trimestriels.
4. Complétez votre bilan hebdomadaire (créez le vôtre ou téléchargez le modèle disponible sur jeffsanders.com/studio). Répondez à chacune des questions et prenez le temps de réfléchir à la semaine qui vient.
5. Affichez le Top 3 de vos objectifs de la semaine à un endroit où vous le verrez souvent. Chez moi, dans mon bureau, j'ai un tableau de visualisation où j'inscris mes objectifs hebdomadaires sur un grand post-it. Il me rappelle constamment que je dois rester concentré sur ce qui est important.

6. Programmez le Top 3 de vos objectifs dans votre gestionnaire de tâches et votre agenda. Fixez vos créneaux ciblés pour la semaine et utilisez-les pour avancer sur vos grands objectifs de la semaine. Organisez vos autres rendez-vous autour de ces créneaux.
7. Faites le point sur toutes les tâches, événements, projets et engagements des prochaines semaines. Plus vous passerez de temps à planifier, moins vous en perdrez à exécuter. Faites le point autant qu'il le faut pour rester confiant dans votre programme. Si vous avez le moindre doute, reprenez et revoyez votre agenda.

Pour mon bilan hebdomadaire, j'ai créé une tâche récurrente dans mon gestionnaire de tâches qui énumère chacune de ces étapes sous la forme d'une liste. Tous les dimanches soir, j'exécute chaque étape de cette liste avant mon rendez-vous téléphonique du lundi matin avec mon superviseur.

Entretien de supervision hebdomadaire

Mon ami Matt Frazier gère un formidable site appelé No Meat Athlete (nomeatathlete.com). Après l'avoir suivi pendant des années sur Internet, j'ai eu un jour la chance de l'interviewer pour mon podcast. Par la suite, il me proposa d'être son superviseur.

C'était la première fois de ma vie que je travaillais en tête-à-tête avec quelqu'un dans le seul but de nous rendre des comptes sur nos objectifs mutuels. Après quelques semaines passées à définir le cadre de cette relation professionnelle, nous avons fait un excellent travail.

Contrairement à ce que l'on pourrait penser, la supervision ne s'adresse pas à des irresponsables qui se comportent mal. Elle ne signifie pas non plus que vous n'assumez pas vos responsabilités et que quelqu'un doit intervenir pour vous forcer à tenir vos engagements.

C'est tout le contraire, comme je l'ai découvert avec Matt. Superviser, c'est exercer une légère pression extérieure pour faire avancer l'autre. Ce n'est pas le mettre au travail en le culpabilisant. C'est pouvoir discuter de ses progrès avec un ami proche.

Je dois toutefois admettre que savoir que je vais discuter de mes progrès avec Matt le lundi est une excellente motivation pour terminer le travail inachevé le dimanche.

Matt vit à Asheville, en Caroline du Nord, et je vis à Nashville, Tennessee. Tous les lundis matin, nous calons 30 minutes de conversation vidéo par Skype. Nous passons en revue pas mal de sujets. Voici comment se déroule une séance de supervision hebdomadaire typique.

- **Victoires et avancées.** Quelles sont les trois choses qui se sont vraiment bien passées la semaine dernière ? De quoi êtes-vous fier ? S'est-il passé quelque chose de nouveau ou de surprenant ?

- **Échecs.** Qu'est-ce qui s'est mal passé ? Où n'avez-vous pas été à la hauteur ? Quels objectifs n'avez-vous pas atteints ?
- **Solutions.** Comment allez-vous remédier aux problèmes de la semaine dernière ? Et plus précisément, que prévoyez-vous de faire cette semaine pour être sûr que ces problèmes ne se reproduiront pas ?
- **Éclairs de génie.** Quelles idées brillantes avez-vous trouvées ? Quelles idées nouvelles vous enthousiasment-elles ? Avez-vous rencontré de quoi vous inspirer ou vous faire réfléchir au cours de vos lectures, séminaires ou autres échanges entre amis ?
- **Objectifs de la semaine.** Quel est le Top 3 de vos objectifs de la semaine à venir ? Que voulez-vous vous engager à réaliser ?
- **Développement personnel.** Comment allez-vous vous enrichir cette semaine ? Quels livres lisez-vous ? À quels ateliers assistez-vous ? Quels programmes audio, podcasts ou livres audio allez-vous écouter ?
- **Compétences en cours.** Comment allez-vous progresser dans votre domaine ? Quelles com-

pétences développez-vous ? Quelles nouvelles compétences allez-vous travailler ?

Techniquement, vous n'avez pas besoin de superviseur. Après tout, vous pouvez tout simplement réaliser vous-même votre bilan hebdomadaire et abattre la même quantité de travail. Je ne peux toutefois que vous recommander de trouver un partenaire qui en est au même stade de sa vie que vous pour partager chaque semaine vos objectifs.

C'est une chance formidable que de pouvoir échanger des idées. En plus, vous ferez probablement plus de progrès en équipe qu'en solo.

L'autre grande stratégie d'équipe consiste à s'entourer d'individus brillants dans un groupe de réflexion. C'est la garantie de réussir mieux et plus vite que si vous étiez seul. Les groupes de réflexion sont de formidables occasions de se retrouver entre gens intelligents, ambitieux et constructifs désireux de s'entraider dans la réussite.

Mon expérience des groupes de réflexion m'a prouvé que nous valons plus ensemble que seuls. Trouvez un groupe ou créez-en un. Fixez-vous comme priorité de vous retrouver régulièrement avec des personnes qui vous soutiennent, vous et vos grands objectifs.

Votre bilan mensuel

Chaque mois marque la fin d'un tiers de trimestre. C'est le bon moment pour faire une pause et passer en revue les progrès réalisés jusque-là. Le bilan mensuel est très proche du bilan hebdomadaire, mais les questions sont légèrement différentes, car elles permettent d'avoir une vue d'ensemble.

BILAN MENSUEL (JANVIER 2016)
Habitudes et rituels quotidiens que je réalise systématiquement
Habitudes et rituels quotidiens qui ont besoin d'être améliorés
Ce que je dois faire le mois prochain pour être plus constant
Victoires et avancées

Voici les étapes à suivre pour réaliser votre bilan mensuel.

1. Faites le point sur vos habitudes dans le Suivi des habitudes et rituels quotidiens (page 193). À quelles habitudes vous êtes-vous tenu systématiquement tout au long du mois ? Lesquelles ont bien fonctionné ? Lesquelles étaient les moins constantes ? Qu'est-ce qui vous a empêché de vous y tenir ?

2. Remplissez votre rapport de suivi dans votre carnet d'objectifs. Êtes-vous sur la bonne voie pour réaliser cet objectif d'ici la fin du trimestre ? Si nécessaire, quels changements opérer pour garder le cap ?

3. Remplissez votre bilan mensuel (créez le vôtre ou téléchargez le modèle disponible sur jeffsanders.com/studio). Il est préférable de consulter les bilans hebdomadaires antérieurs avant de répondre à chaque question.

4. Définissez les trois objectifs à placer en tête de liste pour le mois prochain. Ce seront probablement vos trois grands objectifs trimestriels.

5. Faites le point sur toutes les tâches, événements, projets et engagements du mois prochain. Notez tous les grands obstacles imminents, notamment les voyages, les conférences, les soirées, les réu-

nions et autres rendez-vous majeurs susceptibles de désorganiser votre emploi du temps.

Conservez vos bilans mensuels. Vous en aurez besoin pour réaliser vos bilans trimestriels.

Votre bilan trimestriel

Le bilan trimestriel marque la fin d'une étape importante. Dans l'idéal, à ce stade, vous aurez atteint avec succès les grands objectifs que vous poursuiviez depuis le début du trimestre.

Pendant le bilan, réfléchissez et demandez-vous si votre grande vision s'est réalisée ces 90 derniers jours. Sinon, votre travail du prochain trimestre est déjà tout tracé.

BILAN TRIMESTRIEL (DE JANVIER À MARS 2016)
Top 3 de mes victoires et avancées
Top 3 de mes échecs
Top 3 de mes éclairs de génie

Voici les étapes à suivre pour réaliser votre bilan trimestriel.

1. Mettez à jour vos habitudes dans votre Suivi des habitudes et rituels quotidiens. Elles devaient correspondre à vos objectifs du trimestre précédent. Elles doivent aujourd'hui être ajustées à vos objectifs du trimestre prochain.
2. Remplissez votre rapport de suivi dans votre carnet d'objectifs. Dans l'idéal, à ce stade, vous achevez vos grands objectifs du trimestre et vous constatez les progrès réalisés.
3. Remplissez votre bilan trimestriel (créez le vôtre ou téléchargez le modèle disponible sur jeffsanders.com/studio). Il est préférable de consulter les bilans mensuels antérieurs avant de répondre à chaque question.
4. Définissez les grands objectifs que vous allez poursuivre au prochain trimestre. Créez également un nouveau programme pour chaque objectif dans votre bloc-notes numérique (Evernote) et établissez une liste des actions à mener (page 110) et un rapport de suivi.
5. Faites le point sur toutes les tâches, événements, projets et engagements du trimestre prochain. Prévoyez dès maintenant tous les créneaux ciblés dont vous aurez besoin pour vos grands objectifs de ce trimestre.

La fin d'un trimestre est le moment idéal pour faire une pause et, pourquoi pas, se retirer dans une cabane au fond des bois. Organiser sa vie demande de la solitude et de la concentration. Prenez le temps qu'il vous faut pour bien planifier.

Votre bilan annuel

Si vous avez adopté le planning trimestriel et réalisé tous les bilans trimestriels des quatre derniers trimestres, vous vous dites peut-être que vous pouvez faire l'économie d'un bilan annuel.

Détrompez-vous. Il est indispensable d'avoir une vue d'ensemble des derniers trimestres écoulés pour voir où en sont ses objectifs.

BILAN ANNUEL
Top 3 de mes victoires et avancées
Top 3 de mes échecs
Top 3 de mes éclairs de génie

Voici quelques questions à se poser tous les douze mois.

1. Quelles habitudes avez-vous suivies le plus scrupuleusement l'année dernière ? Quelles leçons pouvez-vous en tirer pour instaurer des habitudes qui perdureront ?
2. Quelles grandes étapes importantes avez-vous franchies l'année dernière ? Quels grands objectifs avez-vous atteints ? Votre vie s'est-elle améliorée depuis un an ?
3. Le planning trimestriel fonctionne-t-il bien pour vous ? Devriez-vous programmer vos objectifs sur une autre échéance, comme 60 jours plutôt que 90, ou 6 mois plutôt que 3 ?
4. Remplissez votre bilan annuel (réalisez le vôtre ou téléchargez le modèle disponible sur jeffsanders.com/studio). Il est préférable de consulter ses bilans trimestriels antérieurs avant de répondre à chaque question.
5. Reprenez la liste de vos grands objectifs et recommencez de zéro. Dans un monde idéal, dans quelles aventures ridicules, étonnantes et bluffantes vous embarqueriez-vous ?

C'est peut-être un cliché, mais la fin d'une année calendaire est un excellent moment pour marquer une pause, réfléchir et organiser la suite. Prenez le temps d'opérer les changements qui feront une vraie différence dans un futur proche.

› HARO SUR LE BOUTON DODO

Pièges, erreurs et problèmes à éviter

Sachez renoncer à vos objectifs.

Quand une occasion se présente à l'improviste, comment savoir si vous devez la saisir?

Plus vous êtes ambitieux, productif et brillant, plus vous avez de chances de croiser des opportunités que vous n'avez pas vues venir.

Je n'aurais jamais pensé écrire ce livre. La proposition est venue un jour sans crier gare. Quand mon éditeur m'a contacté pour me proposer de le faire, j'étais au beau milieu de deux gros projets professionnels et je m'apprêtais à faire l'acquisition de ma première maison.

J'étais très occupé.

Ce qui facilita ma décision, c'est la vision claire que j'avais de mes objectifs trimestriels. Ayant fait le point chaque semaine sur mes projets, je savais précisément où j'en étais. Je savais quels progrès j'avais réalisés, quelles tâches venaient ensuite, et comment ces tâches s'inscrivaient dans mes projets pour les mois à venir.

En d'autres termes, j'étais pleinement conscient de mes grands objectifs, de mes projets actuels et de mon emploi du temps inconstant. Par rapport à l'écriture d'un livre, le choix s'imposait.

Ces décisions ne sont pas toujours faciles à prendre. Mais plus vous savez où vous en êtes de vos objectifs, plus il est facile de repérer quand le moment est venu de les abandonner pour des objectifs encore plus nobles.

Bilan express : suivre ses progrès

1. Il vous appartient de suivre vos propres objectifs et de rester concentré sur ce qui importe le plus. Avec les bons bilans en place, ça va tout seul.
2. Le bilan hebdomadaire est le principal outil de suivi. Il est l'occasion de marquer une pause, de prendre du recul et d'avoir une vue d'ensemble de vos progrès, puis de vous replonger avec un programme précis pour les sept jours à venir.
3. Un bon superviseur peut vous aider à poursuivre vos objectifs et à ne pas abandonner. Trouver une personne de confiance pour parler de sa vie est une formidable solution pour rester fidèle à son programme et ne pas trop s'en écarter.

Plan d'action

1. Mettez à jour quotidiennement votre Suivi des habitudes et rituels quotidiens.

   Heure à laquelle vous allez le mettre à jour :

   ....

2. Pensez à deux ou trois personnes susceptibles de devenir votre superviseur. Puis prévoyez de les rencontrer pour déterminer si vous feriez une bonne équipe.

   Personnes que vous allez rencontrer pour parler de la possibilité qu'elles deviennent votre superviseur :

   ....

   ....

   ....

3. Créez (ou téléchargez), puis remplissez vos bilans quotidiens, hebdomadaires, mensuels, trimestriels et annuels. Prévoyez chaque semaine des créneaux dans votre emploi du temps pour faire le point. Le vendredi après-midi et le dimanche soir sont souvent les moments les plus propices. Si possible, retrouvez chaque semaine votre superviseur peu de temps après avoir achevé votre bilan.

   Jour et heure de la semaine où vous ferez votre bilan hebdomadaire (comptez 1 à 2 heures) :

   ....

   Jour et heure de la semaine où vous rencontrerez votre superviseur :

   ....

Pendant votre bilan *hebdomadaire*, vous allez :

1) ....

2) ....

3) ....

4) ....

5) ....

Pendant votre rendez-vous *hebdomadaire* avec votre superviseur, vous parlerez de :

1) ....

2) ....

3) ....

4) ....

5) ....

Pendant votre bilan *mensuel*, vous allez :

1) ....

2) ....

3) ....

4) ....

5) ....

Pendant votre bilan *trimestriel*, vous allez :

1) ....

2) ....

3) ....

4) ....

5) ....

Pendant votre bilan *annuel*, vous allez :

1) ....

2) ....

3) ....

4) ....

5) ....

Chapitre 10

Objectif pro

Stratégies de pointe pour ceux qui réussissent et qui veulent tout

Sans ambition, on ne commence rien. Sans travail, on ne finit rien. Une récompense ne vient pas toute seule. À vous de la gagner.

Ralph Waldo Emerson

Il y a quelques années, la lecture de *Turning Pro* (« Passer pro ») m'a profondément marqué. Dans ce livre court mais percutant, Steven Pressfield décrit le changement subtil qui se produit quand vous passez d'une vie d'amateur à une vie de professionnel. C'est une transition spectaculaire. Mais au fond, c'est avant tout un acte de volonté.

Être un vrai professionnel implique de ne plus fonctionner en amateur. Les amateurs font ce qu'ils font quand ils en ont envie au lieu d'agir quand il le faut ; ils espèrent réussir au lieu d'œuvrer directement pour la réussite à laquelle ils aspirent ; et ils œuvrent à temps partiel à leurs rêves au lieu d'œuvrer à plein-temps à des objectifs clairs et ambitieux.

Comme l'écrit Pressfield, « [passer pro] change radicalement nos journées. Cela change l'heure à laquelle nous nous levons et l'heure à laquelle nous nous couchons. Cela change ce que nous faisons et ce que nous ne faisons pas. Cela change les activités que nous entreprenons et l'attitude avec laquelle nous les entreprenons. Cela change ce que nous lisons et ce que nous mangeons. Cela change notre forme physique. Quand nous étions des amateurs, notre vie était une vie de comédie, de déni et de distraction. Nos journées étaient à la fois saturées et cruellement vides. Mais nous ne sommes plus des amateurs. Nous sommes différents, et tout notre entourage le voit. »

Pour devenir un pro du matin, vous devez abandonner votre statut d'amateur et entrer dans le monde de la réussite. Les pros du matin se lèvent quand ils ont prévu de se lever. Ils savent ce qu'ils veulent et ils ont un programme précis pour y parvenir. Ils instaurent des habitudes saines et choisissent stratégiquement chacun des aspects de leur journée. Ils savent à quel point chaque jour peut être important.

Pour pouvoir vous dire un pro du matin, vous n'aurez besoin ni de mon approbation ni de franchir des caps spécifiques. Il suffit d'un acte de volonté qui consiste à prendre la décision ici et maintenant de donner la priorité à vos grands objectifs et de mettre de l'enthousiasme à les poursuivre.

Bien sûr, se lever à 5 h du matin aide sans aucun doute, mais ce n'est que mon point de vue.

Étape 7 : stratégies de pointe

Bienvenue dans la septième et dernière étape de la feuille de route. Dans ce chapitre, nous allons voir les cinq grandes stratégies de pointe conçues pour utiliser et optimiser les concepts de la feuille de route.

Si vous maîtrisez parfaitement votre routine matinale, votre productivité et vos bonnes habitudes, ces stratégies peuvent faciliter votre travail et favoriser vos progrès. À l'instar de beaucoup d'autres, elles fonctionnent mieux quand vous êtes déjà dans une dynamique productive et que vous voulez simplement faire encore mieux.

À mesure que je chemine pour améliorer ma productivité, j'observe que toutes ces stratégies sont précisément ce dont j'ai besoin pour passer à la vitesse supérieure. Elles sont vraiment la cerise sur le gâteau.

Ce n'est pas parce que j'apprécie et utilise personnellement chacune de ces stratégies que vous devez vous sentir obligé de toutes les adopter. Il peut être tentant de foncer tête baissée, mais n'essayez pas d'en faire trop, trop vite. Vous avez tout le temps.

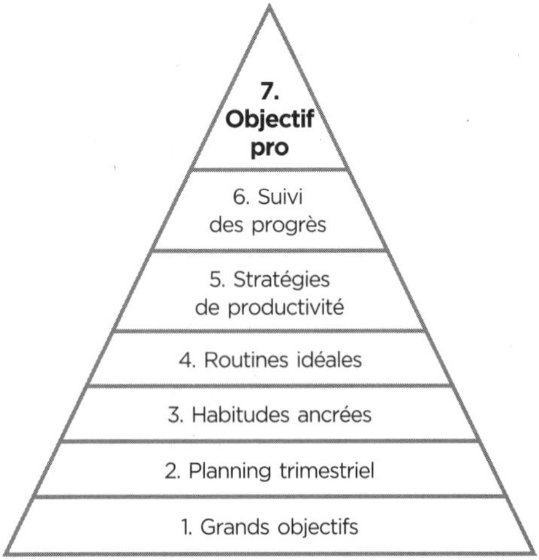

Prévoyez du temps pour réfléchir

Nous devenons ce que nous pensons. C'est vrai pour chacun de nous. Ce que nous pensons détermine nos objectifs, nos attitudes et, pour finir, nos succès.

Quand j'ai commencé à m'intéresser au développement personnel, j'ai découvert l'une des plus formidables (et des plus évidentes) stratégies qui existent. Elle a transformé non seulement mon mode de pensée, mais aussi ce que je choisis de penser. Cette stratégie est simple. Elle consiste à prévoir du temps pour la réflexion.

Earl Nightingale, pionnier du développement personnel moderne, publia un livre audio intitulé *Lead the Field* (« Soyez à la pointe »). C'est là que j'ai découvert pour la première fois le formidable pouvoir de la réflexion.

Programmer du temps pour réfléchir est une stratégie de productivité très peu employée, en particulier chez les gens occupés. Elle rappelle le brainstorming, mais elle est beaucoup plus que cela.

Pour l'exploiter au mieux, prévoyez un créneau ciblé, isolez-vous, munissez-vous d'un carnet, d'un tableau blanc ou de votre journal, et posez-vous une question d'importance vitale. Écrivez cette question en haut de la page, puis passez jusqu'à une heure à réfléchir et à noter toutes les réponses possibles.

Il est indispensable que les questions soient difficiles et concernent vos grands objectifs du moment. Vous allez découvrir très vite que vos progrès sont imminents. Vous aurez inévitablement des idées brillantes et des éclairs de génie susceptibles de faire avancer votre projet plus vite qu'en cochant simplement une *to do list*.

Plus vous donnerez à votre cerveau de l'espace pour réfléchir à des problèmes délicats, plus vous serez créatif et brillant. Prévoyez plusieurs séances de réflexion par semaine pour optimiser cette stratégie.

Dans *Lead the Field*, Earl Nightingale explique quand réfléchir : « Choisissez une heure par jour sur laquelle vous pouvez compter assez régulièrement. Pour moi, le meilleur moment, c'est avant que les autres ne se lèvent le matin. Mes idées sont claires, la maison est calme et, avec une tasse de café, je peux donner libre cours à la réflexion. »

Cela vous rappelle quelque chose ? Le 5 AM Miracle était donc déjà bel et bien vivant il y a quelques décennies, et des personnes aussi brillantes que Earl Nightingale le mettaient déjà à profit !

De toutes les stratégies de pointe à la disposition d'un pro du matin, celle-ci surpasse toutes les autres. Prévoyez une heure régulière pour la réflexion et vous trouverez sans aucun doute un moyen de réussir ce que votre esprit entreprendra.

De la musique pour se concentrer

Je passe plusieurs heures par jour à *essayer* de travailler. Que j'y arrive ou non dépend beaucoup de ma capacité à chasser les distractions et à me concentrer sur ce qui est important.

Une stratégie a révolutionné ma manière de travailler. Elle consiste à écouter de la musique spécialement conçue pour l'esprit. J'utilise Focus@Will, un service de streaming musical qui compose des morceaux en s'appuyant sur les neurosciences. Je suis incapable d'expliquer pourquoi (et vous devez vous estimer heureux que je n'essaie pas de le faire), mais les effets positifs et productifs sont évidents.

Je ne passe pas moins de 10 à 12 heures par jour devant l'ordinateur, dont une grande partie à écouter la station *Up Tempo* de Focus@Will avec mes écouteurs. J'entre ainsi dans une sorte d'état de *flow*, dans la « zone ». En quelques instants, la musique disparaît et je m'immerge dans le travail.

La musique de Focus@Will est conçue pour vous aider à vous concentrer, à chasser les distractions, à améliorer votre capacité d'attention et à apprendre considérablement plus en travaillant. Je l'écoute quand je lis, quand j'écris, quand j'étudie ou quand j'ai une activité intellectuelle intense.

Avant, j'écoutais de la techno ou de la house. L'effet était le même. Mais les compositions de Focus@Will sont certainement plus adaptées parce qu'il est plus facile de les oublier et de penser à la tâche en cours. À vous de trouver la meilleure musique pour votre esprit et votre concentration.

La musique a un fort pouvoir sur votre attention. Il est important que vous découvriez celle qui vous convient si vous voulez atteindre de façon répétée votre état de *flow* idéal dans le travail.

Travailler debout

Il est indispensable d'être physiquement plus actif pour améliorer son énergie, sa productivité et sa santé. C'est précisément pour cette raison que l'une de mes stratégies préférées est d'utiliser un bureau debout.

Je reste debout toute la journée depuis des années. En termes de productivité, de posture, de digestion, d'énergie, d'attitude et de volonté de travailler bien au-delà de l'heure à laquelle j'aurais sans cela arrêté, la différence est énorme.

La position debout, la marche et plus de mobilité en général sont également indispensables tout au long d'une journée de travail normal pour prévenir toutes sortes de problèmes de santé liés à l'inactivité, notamment les maladies cardiovasculaires, l'obésité et autres facteurs de mortalité précoce.

Si vous avez l'habitude de rester assis huit heures par jour à votre bureau, la position debout peut considérablement améliorer votre santé et votre quantité de travail.

Vous avez deux solutions pour installer votre premier bureau debout : en acheter un ou en fabriquer un. Je vous recommande vivement de le bricoler avec ce que vous avez sous la main pour ne pas avoir à dépenser un centime et avoir le temps d'expérimenter la position debout avant d'investir.

J'ai fabriqué mon premier bureau debout en empilant de vieux manuels scolaires sur ma table de travail. Il n'est donc pas nécessaire de dépenser un seul centime pour profiter des bienfaits de la position debout.

Une fois converti au bureau debout, rien ne vous empêche d'acheter un modèle haut de gamme ou d'adapter le vôtre à vos besoins. Mon bureau debout est un plateau en bois sur mesure, posé sur mon ancien bureau. Il n'est pas beau, mais il est parfait.

Suivant votre condition physique, il peut vous falloir une semaine ou deux pour vous habituer à travailler debout. Au début, vous risquez d'avoir mal au dos. Le mieux est d'allonger progressivement la durée. Pendant cette phase de transition, il est préférable d'ajouter d'autres activités sportives pour renforcer votre dos. Pour plus de confort, je recommande vivement d'acheter un tapis antifatigue. On en trouve de grande qualité à petit prix sur Internet.

Commencez à rester debout et voyez la différence.

Un nouveau tableau de visualisation

Les tableaux de visualisation sont généralement des panneaux de liège suspendus au mur sur lesquels sont épinglées des représentations de vos envies. On y affiche des photos de maisons, de voitures et autres objets découpés dans des magazines. C'est une vieille méthode pour imaginer sa vie en idéalisant le résultat final. Le problème, c'est qu'elle ne fonctionne pas. Commencer en ayant un objectif en tête, c'est bien, mais ça ne suffit pas. La visualisation n'est qu'une première étape. Sans une stratégie, elle ne vous mènera nulle part.

Je vous recommande de commencer avec cette méthode à l'ancienne. Elle vous permettra de clarifier votre objectif. Puis passez au *nouveau* tableau de visualisation, qui représente votre cheminement. Il se concentre sur la démarche et le travail qui mènent aux résultats désirés.

Vous pourriez, par exemple, afficher la photo d'un coureur au lever du soleil à l'heure de vous entraîner pour un marathon, ou d'un écrivain dans un café à l'heure de publier votre premier livre.

Les anciens tableaux de visualisation n'ont jamais fonctionné pour moi parce que je postais toujours des photos de belles voitures, même si elles ne m'intéressent pas du tout. Afficher des images d'une vie que vous n'avez pas génère souvent une culpabilité si la situation n'évolue pas. Concentrez-vous plutôt sur la démarche qui vous permettra d'atteindre votre but.

Les meilleurs tableaux de visualisation répondent à la question suivante : comment vais-je atteindre mon objectif ? Sans le *comment*, il ne reste que le *quoi*, et le *quoi* ne suffit jamais.

Les nouveaux tableaux de visualisation affichent des photos, des images, des citations et des rappels concrets de ce que vous allez faire tout au long du chemin qui va vous conduire à votre grand objectif. C'est aussi simple que cela.

Ces nouveaux tableaux présentent de nombreux avantages, notamment celui de se concentrer sur les actions que vous pouvez mener, de vous empêcher d'être distrait par des rêves lointains et de vous encourager à piloter votre avenir en adoptant dès aujourd'hui certaines habitudes.

Pour créer votre nouveau tableau de visualisation, achetez un panneau en liège ou trouvez un mur vierge. Reprenez la liste de vos grands objectifs et concentrez-vous exclusivement sur vos objectifs trimestriels actuels. Décrivez en détail le cheminement qui vous mènera à chacun d'eux. Puis trouvez des images, des citations ou des documents qui illustrent quelques-unes des étapes clés de chaque plan d'action.

Consultez votre tableau de visualisation au moins une fois par trimestre et mettez-le à jour quand c'est nécessaire. Si votre plan d'action est bien pensé, il pourra vous aider à rester concentré sur ce qui compte le plus au moment présent.

Le cochon pendu

Voici probablement la technique de pointe la plus bizarre de ce livre, mais croyez-moi quand je vous dis qu'elle va changer votre point de vue sur votre objectif pro. Le cochon pendu est bon pour la santé et peut vous aider à en faire plus.

La première fois que j'ai été tenté de mettre la tête en bas, c'est après avoir regardé une série de vidéos, notamment du Dr Robert Lockhart, un médecin australien qui pratique le cochon pendu tous les jours depuis plus de 40 ans.

Le but est d'inverser les effets de la gravité. Les forces gravitationnelles mettent le corps à rude épreuve. Si vous inversez la gravité, vous soulagez considérablement la pression et vous perturbez vos rythmes normaux, ce qui procure des bienfaits que n'apporte aucun autre exercice.

Parmi les autres bienfaits du cochon pendu, citons une diminution significative du mal de dos et du stress, ainsi qu'un meilleur fonctionnement cérébral grâce un afflux de sang dans le cerveau (qui favorise une meilleure productivité), un renforcement des muscles des jambes et des abdominaux, une meilleure santé des articulations, plus de souplesse, une meilleure posture, un teint plus clair, moins de rides, un meilleur système lymphatique et, d'après ma propre expérience, quelques centimètres en plus.

Mais attention, le cochon pendu n'est pas un remède miracle accessible à tous. Il présente certains inconvénients. Il peut notamment être dur pour les articulations, il faut du temps pour s'y habituer, il peut être dangereux de s'y livrer seul, et le matériel est un peu encombrant.

Je pratique le cochon pendu presque tous les jours depuis plus d'un an. D'après mon expérience (et malgré les inconvénients potentiels), c'est un exercice formidable pour toute personne en assez bonne forme physique qui souhaite profiter des bienfaits que je viens de décrire. En quelques semaines, j'avais moins mal au dos et j'avais les idées plus claires. J'ai même grandi de 3 mm ! C'est peu, mais c'est un progrès.

Le cochon pendu se pratique avec une paire d'attaches pour chevilles, une chaise d'inversion ou une table d'inversion. Je m'exerce chaque jour pendant 10 minutes avec des attaches pour chevilles après mon jogging, et j'adore terminer une longue séance d'entraînement la tête en bas.

Le cochon pendu est une technique bizarre, mais j'en apprécie les incroyables bienfaits. Il est même possible d'y associer d'autres bonnes pratiques, comme la méditation, les abdominaux, les squats, et l'écoute d'un super-podcast. Vous pouvez faire beaucoup de choses la tête en bas !

› HARO SUR LE BOUTON DODO

Pièges, erreurs et problèmes à éviter

À fond dans le travail et dans le plaisir.

L'un des sondages que j'ai réalisés sur mon site a révélé que la plupart des gens aspirent à une vie où ils travaillent beaucoup et s'amusent beaucoup. Ils ne veulent pas d'une vie médiocre et monotone – ils recherchent la diversité.

Les routines, les rituels et les habitudes sont essentiels pour réussir, mais en cas de lassitude, rebattre les cartes permet d'avancer et procure une grande satisfaction. Dans la vie, les nouvelles étapes, la diversité de nos projets et la valse des émotions nous apportent toujours un bien fou. Vivre au même rythme tous les jours est épuisant, quelle que soit la vitesse à laquelle nous avons l'impression de vivre.

Quand je repense aux plus beaux jours de ma vie et aux meilleurs souvenirs que j'en garde, un fil conducteur s'en dégage clairement. Dans chacune de ces expériences, je produis un effort extrême et/ou je célèbre un effort extrême. Avec le recul, il est profondément satisfaisant de se donner à fond.

Passer des heures interminables à se distraire, jour après jour, n'est pas une grande source de bonheur. Il est peu probable que plus tard, quand je repenserai à ma vie, je regretterai de ne pas avoir assez regardé la télévision ou joué aux jeux vidéo. Rien de tout cela ne me procure la beauté de la vie à laquelle j'aspire.

Travailler d'arrache-pied n'est pas chose facile. Mais travailler d'arrache-pied à un projet qui nous tient profondément à cœur ne nous coûte pas. C'est au contraire le moyen idéal de mener une vie pleine de sens et de réussite.

S'il donne lieu à une grande célébration, le travail, aussi dur soit-il, vaut toujours la peine.

Bilan express : stratégies de pointe

1. Inutile de mettre en œuvre toutes les stratégies possibles et imaginables pour obtenir de grands résultats, mais il est bon de savoir quelles sont les possibilités d'améliorer sa santé, sa situation et sa productivité.
2. Les grands patrons sont toujours à l'affût de tout ce qui peut leur apporter un atout supplémentaire. Ils savent à quel point leur temps est précieux pour eux et pour leur réussite. Soyez prêt et disposé à explorer de nouveaux territoires, même s'ils semblent extrêmes. C'est ainsi que nous évoluons – en sortant de notre zone de confort.
3. Travailler d'arrache-pied sur ses objectifs, c'est aussi s'amuser. Les moments les plus gratifiants sont souvent ceux où l'on produit un effort considérable sur un projet qui nous tient profondément à cœur, puis où l'on fait la fête comme si on devait mourir demain.

Plan d'action

1. Prévoyez des moments dans votre emploi du temps au moins une fois par semaine pour réfléchir. Notez une question importante et difficile.

Puis accordez-vous au moins 20 à 30 minutes pour réfléchir à toutes les réponses possibles.

Heures consacrées chaque semaine à la réflexion :

....

Principales questions auxquelles vous voulez répondre concernant vos grands objectifs trimestriels :

1) ....

2) ....

3) ....

2. Choisissez la musique qui favorise le plus votre productivité pour vos créneaux ciblés. Je recommande le site Focus@Will ou toute musique qui couvre le bruit de l'extérieur et vous permet de vous immerger totalement dans votre travail.

   Type de musique ou service de streaming musical que vous écouterez en travaillant :

   ....

   ....

   ....

3. Fabriquez ou achetez un bureau pour pouvoir travailler debout chez vous. Essayez de vous en procurez aussi sur votre lieu de travail.

Date à laquelle vous prévoyez de prospecter pour les bureaux debout, les tapis antifatigue, les chaussures adaptées, etc. :

....

OU

Date à laquelle vous prévoyez de fabriquer votre propre bureau debout :

....

III

Votre plan d'action

Chapitre 11

30 jours pour agir

Les gagnants sont bien réveillés. Ils sont vivants. Chaque jour, ils sont là et font bouger les choses. Les vrais gagnants ne sont pas seulement des rêveurs. Ils ont des rêves, mais ce sont des gens d'action. Ils réalisent leurs rêves. Ils sont toujours les premiers à alerter les autres sur les nombreuses opportunités que la vie offre.

Bob Proctor, auteur, conférencier et légende du développement personnel

L'action est au cœur de tout. C'est ce qui fait toute la différence entre la réussite et l'échec, la satisfaction et le regret, le progrès et l'immobilisme.

Maintenant que vous avez franchi les sept étapes de la feuille de route, le moment est venu de mettre ces idées en pratique. Dans les chapitres précédents, nous avons vu de nombreux concepts importants. Je ne vous demande pas de tout essayer tout de suite.

L'idéal est de se concentrer sur les quelques actions vitales qui seront déterminantes dans un futur immédiat. Piloter sa vie avant le petit déjeuner, c'est avant tout se concentrer sur ses grands objectifs du moment.

Voici maintenant un programme en 30 jours pour mettre en œuvre les grandes stratégies de la feuille de route. C'est le moment de sortir votre agenda et de programmer les activités clés qui vous conduiront là où vous voulez être.

30 jours pour tout mettre en œuvre

Jour 1 : préparez-vous

- Finissez de lire ce livre jusqu'à la dernière ligne.
- Relisez vos notes, les passages surlignés et les idées notées dans la marge. Identifiez les stratégies que vous aimeriez mettre en œuvre sans attendre.

Jour 2 : connectez-vous à d'autres lève-tôt ambitieux

- Trouvez près de chez vous un groupe de personnes qui se réunissent tôt le matin, comme un club de joggers ou des petits déjeuners d'affaires, ou organisez des activités tôt le matin avec des proches ou des voisins.
- Rejoignez des communautés virtuelles de lève-tôt.

Jour 3 : entamez votre métamorphose

- Entamez votre transition pour vous réveiller un peu plus tôt.
- Réglez votre réveil 15 minutes plus tôt que d'habitude ou préparez-vous à vous réveiller frais et dispos à votre heure idéale dès demain matin.

Jour 4 : créez votre POP

- Établissez votre programme d'optimisation personnel et créez les conditions où votre vie fonctionne comme une machine bien huilée.
- À quoi ressemble votre meilleure version de vous-même ?
- Que faites-vous quand tout se passe bien ?

Jour 5 : étape 1 de la feuille de route

- Dressez la liste de vos grands objectifs.
- Osez retrouver votre âme d'enfant et demander l'impossible. Soyez le pompier, la princesse ou l'astronaute que vous avez toujours voulu être.
- Qu'avez-vous toujours voulu faire sans n'avoir jamais pris le temps de le faire ?

Jour 6 : étape 2 de la feuille de route

- Établissez votre planning trimestriel.
- Définissez les contours de vos trimestres (par ex. de janvier à mars) et libérez votre emploi du temps.

- Choisissez deux ou trois grands objectifs prioritaires à poursuivre ce trimestre et créez votre carnet d'objectifs.

Jour 7 : étape 3 de la feuille de route

- Précisez les habitudes quotidiennes ancrées et corollaires en accord avec vos grands objectifs. Parmi les habitudes ancrées quotidiennes les plus courantes, citons : se lever tôt, faire du sport et aller travailler.
- Fixez l'heure de vos habitudes ancrées et des petites habitudes qui en découlent.

Jour 8 : étape 4 de la feuille de route

- Créez votre programme hebdomadaire idéal et votre semaine idéale.
- Prévoyez du temps pour votre routine du matin idéale et votre routine du soir idéale et des créneaux ciblés pour vos grands objectifs actuels.
- Gardez à l'esprit qu'une semaine *idéale* n'est pas une semaine *parfaite*. Prévoyez du temps pour rattraper ce que vous n'avez pas pu faire quand les choses ne se sont pas déroulées comme prévu.

Jour 9 : matinée idéale

- Concevez votre routine du matin idéale.
- Faites un rétroplanning de vos matins en partant du moment où vous commencez à travailler et en remontant jusqu'à l'heure de votre réveil.

- Prévoyez du temps pour vos principales habitudes ancrées et corollaires en mettant l'accent sur l'énergie et la santé.

Jour 10 : soirée idéale

- Concevez votre routine du soir idéale.
- Faites un rétroplanning de vos soirées en partant du moment où vous vous endormez et en remontant jusqu'à l'heure où vous finissez votre journée de travail.
- Décidez d'une heure limite à laquelle vous cessez le travail et où débute votre routine.

Jour 11 : étape 5 de la feuille de route

- Centralisez vos tâches, projets et engagements dans un gestionnaire de tâches. Vous n'avez que l'embarras du choix. Personnellement, je suis très content de Nozbe.
- Le secret de l'optimisation du dispositif est de regrouper chaque tâche, grande ou petite, dans un même logiciel pour pouvoir tout visualiser d'un seul coup d'œil.

Jour 12 : un monde sans papier

- Centralisez vos documents, dossiers et fichiers dans un logiciel de stockage. Dropbox, Google Drive, Microsoft OneDrive et iCloud Drive d'Apple sont d'excellentes solutions de stockage.

- Mieux vaut choisir un seul et même logiciel pour tout plutôt que de disperser ses données sur plusieurs.

Jour 13 : téléchargez Evernote

- Centralisez vos articles, notes et idées dans une application de prise de notes. Evernote est, à mon avis, le meilleur logiciel de stockage des notes.

Jour 14 : restez concentré

- Prévoyez des créneaux ciblés dans votre emploi du temps où vous ne serez pas interrompu et où vous pourrez travailler à vos grands objectifs.
- Identifiez deux ou trois lieux où vous pourrez vous isoler des personnes susceptibles de vous détourner de votre travail.
- Prenez l'habitude de vous déconnecter des réseaux sociaux et d'éteindre vos objets connectés et autres distractions.

Jour 15 : Boîte de réception Zéro

- Classez vos mails. Objectif : Boîte de réception Zéro.
- Prenez quelques jours pour rattraper votre retard si votre boîte de réception déborde.
- Prévoyez du temps dans votre emploi du temps pour arriver à zéro mail au moins une fois par jour.

Jour 16 : Gestion de projet Zéro

- Terminez toutes les tâches inachevées. Objectif : Gestion de projet Zéro.
- Regardez en détail chacun de vos projets et faites le point sur ce qui vous reste à régler.
- Prévoyez du temps au moins une fois par semaine pour faire le point sur vos projets et déterminer les prochaines actions les plus importantes.

Jour 17 : Bureau Zéro

- Rangez votre bureau. Objectif : Bureau Zéro.
- Prenez l'habitude de n'autoriser sur votre bureau que les affaires en rapport avec votre tâche en cours.
- Rangez tout dans un endroit précis et organisé à la fin de chaque journée.

Jour 18 : Rangement Zéro

- Rangez votre maison et votre bureau. Objectif : Rangement Zéro.
- Prévoyez du temps une fois par semaine pour tout ranger dans un endroit précis et organisé.
- Fixez-vous comme objectif de tout ranger au moins une fois par jour.

Jour 19 : étape 6 de la feuille de route

- Mettez en place un suivi des habitudes et rituels quotidiens.

- Déterminez quelles habitudes quotidiennes sont les plus importantes pour vos grands objectifs actuels.
- Faites le point sur votre suivi pendant votre bilan hebdomadaire.

Jour 20 : bilan hebdomadaire

- Préparez votre bilan hebdomadaire.
- Prévoyez une ou deux heures par semaine, généralement le vendredi après-midi ou le dimanche soir, pour faire le point sur la semaine écoulée et celle à venir.
- Voyez ce qui a bien marché, ce qui ne s'est pas bien achoppé et quels changements vous allez opérer pour que la semaine qui vient se passe mieux que la semaine précédente.

Jour 21 : superviseur

- Prenez contact avec une ou deux personnes susceptibles de devenir votre superviseur.
- Instaurez un système de supervision et rencontrez régulièrement votre superviseur (par exemple toutes les semaines, toutes les deux semaines, etc.)
- Alignez vos réunions de supervision sur vos bilans hebdomadaires pour ancrer vos discussions dans le concret.

Jour 22 : bilan mensuel

- Préparez votre bilan mensuel.
- Ensuite, vous devrez prévoir du temps à la fin de chaque mois calendaire pour faire le point sur vos bilans hebdomadaires. Vous ferez le point sur vos progrès en direction de vos objectifs trimestriels et vous déterminerez quels changements opérer le mois prochain.

Jour 23 : bilan trimestriel

- Préparez votre bilan trimestriel.
- Ensuite, vous devrez prévoir du temps à la fin de chaque trimestre pour faire le point sur vos précédents bilans mensuels. Vous réfléchirez alors aux progrès de vos grands objectifs et définirez votre programme pour le trimestre suivant.

Jour 24 : bilan annuel

- Préparez votre bilan annuel.
- Ensuite, vous devrez prévoir du temps à la fin de chaque année calendaire pour faire le point sur vos bilans trimestriels. Vous réfléchirez alors aux progrès de vos grands objectifs et définirez les changements à opérer l'année prochaine.

Jour 25 : étape 7 de la feuille de route

- Prévoyez un créneau (de préférence une heure par jour) pour réfléchir.

- Posez-vous une question difficile en rapport avec vos objectifs trimestriels et réfléchissez aux meilleures réponses possibles.

Jour 26: cherchez votre musique

- Trouvez votre musique préférée pour améliorer votre productivité.
- Concentrez-vous sur la musique qui favorise votre réflexion et vous isole des sons qui vous distraient.

Jour 27: travaillez debout

- Facilitez votre dynamique productive en travaillant debout.
- Vous pouvez d'abord improviser un bureau debout très simple avec des livres, des boîtes en carton et autres matériaux faciles à trouver.
- Achetez ou fabriquez un bureau debout quand vous vous sentez prêt à l'adopter.

Jour 28: nouveau tableau de visualisation

- Créez un tableau de visualisation pour la maison ou le bureau.
- Sur un panneau en liège ou n'importe quel autre support, affichez des images, des citations et autres rappels visuels du cheminement vers vos grands objectifs.

- Évitez les vagues images de fantasmes inaccessibles. Concentrez-vous plutôt sur ce que vous pouvez faire maintenant pour avancer sur vos objectifs.

Jour 29 : le cochon pendu

- Étudiez la technique du cochon pendu, en particulier l'équipement qui vous convient (attaches pour chevilles, table ou chaise spécifiques).
- Le meilleur moment pour pratiquer au quotidien, c'est à la fin de votre routine d'entraînement. Commencez par une minute puis augmentez jusqu'à 10 ou 15 minutes par séance en quelques semaines.

Jour 30 : intégrez un groupe de réflexion

- Trouvez d'autres personnes ambitieuses et productives qui poursuivent des objectifs semblables aux vôtres et qui réussissent.
- Prévoyez du temps pour vous rencontrer, partager des idées et vous encourager mutuellement.

Récapitulatif : le 5 AM Miracle en trois étapes

Je sais à quel point une liste de 30 jours d'actions à mener peut être intimidante. Voici donc un récapitulatif de tout ce que vous avez trouvé dans ce livre résumé à trois étapes simples – les mêmes que celles que j'ai présentées dans le premier chapitre.

Si vous paniquez ou si vous vous sentez un peu débordé, faites une pause et reprenez ces trois étapes.

1. Organisez : planifiez chaque journée avant qu'elle ne commence.
2. Exécutez : réalisez des progrès tangibles en consacrant des créneaux à vos grands objectifs.
3. Faites le point : chaque semaine, faites un bilan complet de ce que vous avez fait et de ce que vous ferez ensuite.

Organiser, exécuter et faire le point. Tout est là.

› HARO SUR LE BOUTON DODO

Pièges, erreurs et problèmes à éviter

Piloter sa journée est une décision qui se prend chaque jour. L'idéal serait qu'il suffise de lire un livre passionnant, d'assister à une conférence stimulante ou d'avoir une seule conversation avec une personne fascinante pour rester optimiste, positif et motivé pour la vie.

En réalité, nous avons constamment besoin d'être stimulés. Zig Ziglar, légende du développement personnel, a d'ailleurs déclaré: «On dit souvent que la motivation ne dure pas. Prendre un bain non plus – c'est pour ça qu'on recommande de le faire quotidiennement.»

Par moments, je n'ai plus d'énergie, je me sens à plat et je me dis que ma vie ne mène nulle part. Dans ces moments-là, un éclair de génie suffit à me redonner de l'élan. Quand je sais que j'ai besoin d'un remontant, je mets ma musique préférée et je pars courir en sachant que je peux littéralement prendre un nouveau départ.

Chaque jour est le premier jour du reste de votre vie. Si vous voulez recommencer, une simple action suffit.

Demain matin, vous aurez l'occasion de piloter votre journée. Le plus beau, dans tout cela, est que cette chance se représente à vous chaque jour du reste de votre vie.

Bilan express : plan d'action sur 30 jours

1. Mettre en œuvre toutes les stratégies de ce livre est peut-être un peu ambitieux. Veillez plutôt à identifier celles qui auront le plus d'impact sur votre vie dans un avenir proche.

2. Vous n'êtes pas obligé de prévoir un plan à 30 jours. Mais pour espérer mettre en œuvre les stratégies que vous avez choisies, mieux vaut fixer une échéance.

3. Le minimum à faire, c'est de programmer un objectif pour chaque jour de votre vie et de vous y donner avec passion.

Plan d'action

1. Puisqu'il n'est pas réaliste de mettre en œuvre toutes les idées et stratégies de ce livre en même temps, choisissez aujourd'hui celles que voulez mettre en œuvre dès maintenant.

   Vos objectifs les plus stimulants :

   1) ....

   2) ....

   3) ....

   4) ....

   5) ....

2. Si vous ne l'avez pas déjà fait, inscrivez vos grands objectifs dans votre planning trimestriel pour ce trimestre ou le trimestre suivant.

   Vos objectifs pour le trimestre qui vient :

   1) ....

   2) ....

   3) ....

3. À l'aide du plan sur 30 jours du livre, choisissez une date de début, puis ajoutez chaque objectif à votre calendrier ou gestionnaire de tâches.
Date :

....

Chapitre 12

De l'action et de l'audace !

Des miracles au quotidien

Ne demandez pas à une tâche d'être facile, demandez plutôt qu'elle vaille la peine. N'espérez pas qu'elle soit plus facile, espérez être meilleur. Ne demandez pas moins de difficultés, demandez plus de compétences. Ne demandez pas moins de problèmes, demandez plus de sagesse. C'est dans l'adversité que se forge l'expérience.

Jim Rohn, auteur, conférencier et légende
du développement personnel

Au chapitre 1, je vous ai demandé de prendre quatre engagements ambitieux qui constitueraient les fondements de votre miracle matinal.

1. Je rédigerai un programme pour chaque journée.
2. J'adopterai systématiquement de bonnes habitudes pour un maximum d'énergie et d'enthousiasme.
3. Je définirai des objectifs à court terme qui m'aideront à atteindre mes grands objectifs.

4. Je suivrai mes progrès, je ferai les nécessaires ajustements et je me tiendrai pour seul responsable.

Ces engagements ne sont pas faciles à respecter. Ils exigent des sacrifices constants, des ressources et une patience incroyable à mesure que vous progressez en direction de vos grands objectifs. La bonne nouvelle est que grâce à votre feuille de route, vous disposez d'un plan stratégique pour tenir ces engagements à vie.

Comme pour tout objectif digne d'intérêt, le but est la réussite à long terme. C'est ce que je vous souhaite. Je suis persuadé que si vous suivez les étapes préconisées dans ce livre, vous pourrez réellement accéder à un niveau de réussite qui, sans cela, resterait de l'ordre du fantasme.

Je sais que c'est audacieux, et c'est tout l'intérêt. L'audace est nécessaire pour atteindre de grands objectifs.

Se lever tôt avec un objectif et avec constance est un objectif audacieux. Et pourtant, ce n'est qu'une petite partie d'un puzzle beaucoup plus grand. Prendre chaque jour de nombreuses et infimes décisions soigneusement réfléchies et très impactantes – tel est le secret pour cocher la liste de vos grands objectifs.

Il est infiniment précieux de réaliser son propre miracle matinal – non pas parce que vous vous réveillerez tôt pour méditer ou aller courir, mais parce que les activités que vous choisirez chaque jour diront tout de vous et dicteront ce que vous aurez accompli dans quelques années.

J'espère que vous voyez maintenant la beauté de toutes ces infimes décisions sur votre avenir.

Chaque jour compte.

Chaque jour magnifique et miraculeux.

J'aimerais conclure en vous remerciant de tout cœur d'avoir pris le temps de lire ce livre. Ce fut un honneur pour moi de vous aider à passer à la vitesse supérieure. Je suis impatient d'entendre le récit de tous vos grands succès !

Souvenez-vous : *vous avez le pouvoir de changer votre vie, et le plaisir commence tôt, quand on est frais et dispos !*

Pour aller plus loin

Boîte à outils pour les pros du matin

Voici les meilleurs outils pour adopter le style de vie des lève-tôt ambitieux. Je vous encourage vivement à entrer en contact avec d'autres lève-tôt au moment de vous lancer dans l'aventure et d'utiliser les outils suivants (uniquement en anglais). Ils vous apporteront le cadre, le soutien et les conseils nécessaires pour piloter votre journée avant le petit déjeuner.

1. Le 5 AM Studio: des outils exclusifs

Cette source de documentation est réservée à ceux qui, comme vous, ont acheté ce livre. Vous pourrez télécharger des plans d'action détaillés pour mettre en œuvre les stratégies de la feuille de route (The 5 AM Blueprint).

jeffsanders.com/studio

2. Le 5 AM Miracle Podcast: une source d'inspiration hebdomadaire

Tous les lundis matin, je diffuse un nouvel épisode de mon podcast. Soit je partage un entretien passionnant avec un invité ambitieux, soit je me mets moi-même au micro pour parler de tout – les petits matins, les bonnes habitudes, le développement personnel, l'hyper-productivité et autres.

5amMiraclePodcast.com

3. Le 5 AM club: se tenir au courant

C'est le meilleur endroit pour rester informé des nouveautés de mon blog et de mon posdcast, des remises exclusives et des dernières nouvelles de la communauté des lève-tôt. L'inscription est gratuite et vous réserve quelques cadeaux!

jeffsanders.com/5amclub

4. La 5 AM Miracle Community: rester connecté

La communauté a tellement grossi ces dernières années qu'elle est devenue le passage obligé de tous les lève-tôt ambitieux. Rejoignez-la (c'est gratuit!) dès aujourd'hui et découvrez les efforts déployés par les vrais pros du matin et les débutants pour piloter leur journée avant le petit déjeuner.

jeffsanders.com/community

5. 47 Stratégies: auto-évaluation de productivité

Si vous cherchez un moyen de booster votre productivité, cette page est faite pour vous. Les 47 stratégies d'auto-évaluation analysent votre productivité, puis proposent des stratégies de pointe pour optimiser votre capacité à en faire plus au quotidien.

47Strategies.com

6. Le 5 AM Affiliate Program : diffuser le message

Si vous avez des interlocuteurs qui pourraient réaliser leur propre miracle matinal, je vous encourage à vous inscrire gratuitement à mon réseau d'affiliation. Vous pourrez toucher de jolies récompenses si vous faites la promotion de ces outils.

jeffsanders.com/affiliate

7. Conseils de lecture

Maintenant que vous avez fini ce livre, voici quelques lectures fantastiques pour optimiser votre productivité matinale.

- *Passez à l'essentiel !*, de Gary Keller et Jay Papasan.
- *Essentialism*, de Greg McKeown.
- *L'Effet cumulé*, de Darren Hardy.
- *Miracle Morning*, d'Hal Elrod.
- *S'organiser pour réussir*, de David Allen.

8. Partagez votre réussite !

Si votre vie a changé après avoir mis en œuvre certaines des stratégies de ce livre, racontez-le-moi ! Je lirai tous les récits qui me parviendront, comme je lis tous mes mails. Ne soyez pas timide. Allez-y, livrez-vous et partagez votre propre miracle !

jeffsanders.com/5amStory

Liste d'actions ambitieuses à mener

Maintenant que j'ai lu ce livre, je vais…

Action	Date
1.	
2.	
3.	
4.	
5.	
6.	
7.	
8.	
9.	
10.	
11.	
12.	
13.	
14.	
15.	
16.	
17.	
18.	
19.	
20.	

Sources

- Allen, David, *Getting Things Done*, New York, Penguin, 2002 (*S'organiser pour réussir*, Éditions Leduc.s, 2015).
- Auden, W.H., « The Life of That-There Poet », *New Yorker*, 26 avril 1958.
- « Benefits of Inversion », www.teeterinversion.com/Benefits-of-Inversion (consultation 2 juillet 2015).
- BusinessDictionary.com, « Parkinson's Law », http://www.businessdictionary.com/definition/Parkinson-s-Law.html (consultation 2 juillet 2015).
- Carpenter, Sam, *Work the System*, 3e éd., Austin, Greenleaf Book Group, 2011.
- Clear, James, « How to Stop Procrastinating on Your Goals by Using the Seinfeld Strategy », www.jamesclear.com/stopprocrastinating-seinfeld-strategy (consultation 30 juin 2015).
- Covey, Stephen. *The 7 Habits of Highly Effective People*, 6e éd., New York, Simon & Schuster, 2013 (*Les 7 habitudes de ceux qui réalisent tout ce qu'ils entreprennent*, FIRST Éditions, 2005).

- Davis, Jim, *I'd Like Mornings if They Started Later*, Riverside, Andrews McMeel Publishing, 2013.
- Duke University's Fuqua School of Business, «Apple CEO Tim Cook on Career Planning», www.youtube.com/watch?v=a6g8y3EDHkw.
- Einstein, Albert, cité in «From the Big Bang to the Big Crunch», interview de John Archibald Wheeler par Mirjana R. Gearhart, *Cosmic Search*, vol. 1, n° 4 (Fall, 1979).
- Emerson, Ralph Waldo, *The Essays of Ralph Waldo Emerson*, éd. Alfred R. Ferguson, Jean Ferguson Carr et Alfred Kazin, Cambridge, Belknap Press, 1987 (*Essais,* Michel Houdiard Éditeur, janvier 1997, 2000 et 2005).
- «Inversion Table Benefits», www.bestinversion-tablereviews.com/top-12-inversion-tablebenefits (consultation 2 juillet 2015).
- Johnson, Samuel, «The Vision of Theodore», *The Works of Samuel Johnson*, éd. Robert Lynam, vol. 15, p. 331-340, Troy, Pafraets Press, 1903.
- Keller, Gary, et Papasan, Jay, *The ONE Thing*, Austin, Bard Press, 2013 (*Passez à l'essentiel !,* Pearson Éducation, 2013).
- Lockhart, Robert, «Absolute Abundance Raw Retreats», www.sunfoodhealthretreat.com (consultation 2 juillet 2015).

- Mann, Merlin, « Inbox Zero », 43 Folders, www.43folders.com/izero (dernière modification 13 mars 2007).
- McKeown, Greg, *Essentialism*, New York, Crown Business, 2014.
- Moran, Brian, et Lennington, Michael, *The 12-Week Year*, Hoboken, John Wiley & Sons, 2013.
- Nightingale, Earl, *Lead the Field*, Wheeling, Nightingale-Conant, 1987, 6 CD (5 heures).
- Nisen, Max, et Lubin, Gus, « 29 Successful People Who Wake Up Really Early », Business Insider, www.businessinsider.com/successful-people-who-wake-up-really-early-2013-12 (dernière modification 24 décembre 2013).
- Ostrovsky, Larry et Oksana, « 12 Health Benefits of Inversions », BeWellBuzz, www.bewellbuzz.com/wellness-buzz/inversions (consultation 2 juillet 2015).
- Proctor, Bob, *The ABCs of Success*, New York, Jeremy P. Tarcher, 2015 (Proctor, Bob. *L'ABC de la réussite,* Éditions du Trésor caché, 2016).
- Pressfield, Steven, *Turning Pro*, New York, Black Irish Entertainment, 2012.
- Rohn, Jim, *The Treasury of Quotes*, Dalls, Jim Rohn International, 2006.

- Skean, Wendy, « Face of the Race : Wendy Skean », Leadville Race Series, www.leadville-raceseries.com/2015/02/faceof-the-race-wendy-skean (dernière modification 23 février 2015).
- Sulzer, Jessica, « Brain Benefits of Inversion Tables », LiveStrong.com, www.livestrong.com/article/359317-brainbenefits-of-inversion-tables (dernière modification 16 août 2013).
- « Viva Ned Flander », *The Simpsons*, Neil Affleck (réalisation) et David M. Stern (scénario), 1re diffusion 10 janvier 1999, Fox (titre français : « Fiesta à Las Vegas »).

Suggestions de lecture

- Allen, David, *S'organiser pour réussir*, Éditions Leduc.s, 2015.
- Covey, Stephen, *Les 7 habitudes de ceux qui réalisent tout ce qu'ils entreprennent*, FIRST Éditions, 2005 ; J'ai lu, 2012.
- Elrod, Hal, *Miracle Morning*, FIRST, 2016.
- Emerson, Ralph Waldo, *Essais,* Michel Houdiard Éditeur, janvier 1997, 2000 et 2005.
- Hardy, Darren, *L'Effet cumulé*, Sucess Books, 2012.
- Keller, Gary, et Papasan, Jay, *Passez à l'essentiel !*, Pearson Éducation, 2013.
- Proctor, Bob, *L'ABC de la réussite,* Éditions du Trésor caché, 2016.

Remerciements

Publier un livre a été l'un de mes grands objectifs dans la vie depuis près d'une dizaine d'années. À l'origine, je ne me voyais pas comme un auteur. Mais après avoir mis un pied dans le monde du développement personnel, j'ai su au plus profond de moi que je voulais forger ma vie à l'image de celle des femmes et des hommes étonnants qui m'ont inspiré sans relâche pour que j'exprime le meilleur de moi-même.

Quand je me suis attelé à cette partie du livre, ma femme, Tessa, m'a mis au défi de faire taire mon ego et de voir la vérité en face : cet ouvrage est avant tout un travail collectif. C'est mon nom qui est inscrit sur la couverture, mais en réalité, il devrait être écrit : « Créé par la communauté des lève-tôt ambitieux qui aspirent à une réussite extraordinaire. »

Je suis comme tout le monde. J'ai besoin d'être supervisé et motivé. Ce livre fut une phénoménale épreuve d'endurance, de discipline et de gestion des priorités. Je tiens à remercier chacun de ceux qui y ont contribué.

Pour commencer, je remercie Dieu. Je consacre une grande partie de ma routine matinale à lire la Bible et à prier. Mes matins sont pour moi le meilleur moment pour approfondir ma foi et me reconnecter à ce qui compte le plus dans ma vie. Ce travail n'aurait pas été possible sans quelques miracles. Je ne Lui en serai jamais assez reconnaissant.

Je remercie ma femme, Tessa. Sans toi, ce livre n'existerait pas. Tu as travaillé sans relâche pour nous permettre de continuer d'avancer quand j'étais trop occupé à m'installer et à poursuivre des idées toutes plus folles les unes que les autres. Tu es mon plus grand soutien et tu me pousses toujours à l'excellence, même quand je veux brûler les étapes. Je ne te remercierai jamais assez. Je te voue un amour éternel !

À Benny, mon carlin, drôle et insolite. Tu es la mascotte de mon podcast et le seul à m'avoir entendu enregistrer chacune de mes émissions. Je ne pense pas que tu sois pour beaucoup dans ce livre (après tout, tu faisais souvent la sieste pendant les heures de travail), mais tu me fais rire et tu es un fabuleux compagnon. Merci de ta fidélité.

Je remercie ma famille, en particulier mes parents, Brian et Loretta, et mon frère, Tim, qui n'ont cessé de me soutenir dans mes ambitions. Votre soutien m'est très précieux. Même quand j'ai l'air de m'emballer, vous êtes à mes côtés et vous m'apportez votre amour inconditionnel. Que peut demander de plus un fils et un frère reconnaissant ? Je remercie égalementment le reste de ma formidable famille, Diana et Marc Olive, Janet et Ken Meyer, Helen et Raymond Sapp, Dorothy et Milt Sanders, et Mary et Leon Hoskins. Je vous aime tous !

Je remercie mon ami et superviseur, Matt Frazier. Tu as été un phare et une source d'inspiration pendant des années. Merci de m'avoir aiguillonné et d'avoir tant partagé de ta vie, de ton travail et de ta sagesse avec moi. Ce sont les personnes ambitieuses comme toi qui me donnent envie de repousser sans cesse les limites du possible.

Je remercie Andrea Wallace, juriste talentueux et ami d'une incroyable générosité. Tu as toujours été là pour m'aider à négocier les contrats et à avancer dans la jungle juridique que toi seul connais si bien. La prochaine fois, je te paierai. Promis !

Je remercie mes amis de toujours qui me suivent depuis ma plus tendre enfance, en particulier Pearce Landry-Wegener, Tyler Mallory, Jesse McIntosh, Andrea Wallace, Megan Fox, Juliette Schmidt et Peter Curby. Vous êtes mon roc. Vous m'avez vu sous mon meilleur jour, mais aussi certainement sous mon plus mauvais jour. Merci de m'avoir soutenu contre vents et marées. Je vous aime !

Je remercie mes amis, collègues et supérieurs chez Anthem, en particulier Rachel Chandler, Michael Harlan, Sarah Fossett, Bailey McChesney, Chris

Perry, Mark Roberts, Karen Pitts, Samantha Cox et Ryan Ball. Merci d'avoir été à mes côtés pendant les premières années de mon blog et de mon podcast. Que vous le réalisiez ou non, vous y avez contribué. Sans vous, je ne serais pas là où je suis aujourd'hui.

Je remercie les autres podcasters de Nashville, en particulier Jeff Brown, David Hooper, Dave Kirby et Stu Gray. Merci de m'avoir laissé m'imprégner de votre génie collectif de la radio. Côtoyer tant de talents est un peu impressionnant et me fait mesurer le chemin qui me reste à parcourir. C'est une vraie leçon d'humilité. Merci de m'avoir ouvert la voie. Grâce à vous, ce travail semble facile.

Je remercie mes mentors, notamment les auteurs, orateurs, coachs, podcasters, bloggeurs, designers, webmarketers et rédacteurs qui ont tant d'avance sur moi. Merci d'avoir défriché le terrain. Vous m'avez évité d'avoir à le faire. Sans vous, je serais encore là où j'étais il y a des années, *diplômé, mais paumé*. Je tiens à remercier personnellement Michael Hyatt, Darren Hardy, David Allen, Rich Roll, Erik Fisher, Hal Elrod, Bob Proctor, Dan Miller, Nicole Antoinette, Dean Karnazes, Grant Baldwin, Jess Lively, Sean Stephenson, August Turak, Todd Henry, Jeff Goins et Ray Edwards d'avoir montré l'cxemple de la réussite.

Je remercie enfin mon équipe éditoriale chez Ulysses Press, en particulier mon éditrice Kelly Reed, qui m'a donné ma chance. Quel beau témoignage de foi en moi ! Merci de m'avoir offert cette formidable occasion de partager mes idées. Je t'en serai éternellement reconnaissant.

Ce livre est un formidable prolongement de mon blog et de mon podcast. Mes lecteurs et mes auditeurs incarnent parfaitement l'esprit du 5 AM Miracle. Ils sont pour moi une source d'inspiration constante. Je remercie tous mes fans dans le monde entier. Ce fut un honneur pour moi d'écrire pour vous semaine après semaine. Je vous remercie d'avoir rendu ce livre possible. Vous assurez !

À propos de l'auteur

Jeff Sanders est coach en productivité, ultramarathonien et animateur du podcast The 5 AM Miracle. Il est titulaire d'une licence d'art dramatique et de psychologie de la Truman State University. Il vit actuellement à Nashville avec son épouse Tessa et son carlin Benny. Pour en savoir plus sur Jeff et sur le meilleur moyen de piloter sa journée avant le petit déjeuner, rendez-vous sur jeffsanders.com.

*

À l'heure d'entamer votre propre 5 AM Miracle, je vous encourage vivement à partager votre expérience sur Twitter avec le hashtag #5amMiracle.

Vous pourrez vous connecter à ceux qui, comme vous, se lancent dans l'aventure.

Si vous voulez prendre directement contact avec moi, rendez-vous sur mon site Internet, jeffsanders.com ; sur Twitter, @JeffSandersTV ; sur Facebook, jeffsanders.com/facebook; et même par mail à l'adresse suivante : Jeff@jeffsanders.com.

Table des matières

II. La feuille de route

Imprimé en Allemagne par GGP MEDIA GMBH
pour le compte des éditions Marabout (Hachette Livre)
58, rue Jean-Bleuzen 92178 Vanves Cedex
Achevé d'imprimer en novembre 2016
Dépôt Légal : juin 2016

978-2-501-11499-8
8638653/ 02